创业大咖

创新改变世界

《环球人物》杂志社 编著

九州出版社
JIUZHOUPRESS

图书在版编目（CIP）数据

创业大咖 ：创新改变世界 / 《环球人物》杂志社编著. -- 北京 ：九州出版社，2017.4

ISBN 978-7-5108-5169-8

Ⅰ. ①创… Ⅱ. ①环… Ⅲ. ①企业管理—经验—世界
Ⅳ. ①F279.12

中国版本图书馆CIP数据核字(2017)第066576号

创业大咖：创新改变世界

作　　者	《环球人物》杂志社　编著
出版发行	九州出版社
地　　址	北京市西城区阜外大街甲35号(100037)
发行电话	(010)68992190/3/5/6
网　　址	www.jiuzhoupress.com
电子信箱	jiuzhou@jiuzhoupress.com
印　　刷	大厂回族自治县彩虹印刷有限公司
开　　本	710毫米×1000毫米　16开
印　　张	18
字　　数	240千字
版　　次	2017年5月第1版
印　　次	2017年5月第1次印刷
书　　号	ISBN 978-7-5108-5169-8
定　　价	39.80元

创业是一场自我解放（代序）

文 / 周源（知乎网 CEO）

我是周源，今天我来跟大家进行一次面对面的交流，谈谈国内的创业大环境。

如今国内的创业情况，用火热一词来形容，最恰当。

我们公司在北京的中关村地区，这里聚集了大批的科技创业者；你随便进入一家咖啡馆，就一定能够听到有人在讨论你我都比较熟悉的话题——如何创业，如何做产品、融资、搭建团队。

就在来美国的几天前，我在公司附近吃饭，无意中看到餐厅电视机里播《新闻联播》，他们做了一个专题叫《中关村的 21 岁现象》。里面有一个有趣的数据统计，说中关村科技公司的从业者平均年龄是 33 岁，46% 的从业者在 29 岁以下，现在甚至有大批创业公司的创始人只有 21 岁左右，和在座的各位一样年轻。有人大胆推断说中国的乔布斯、马斯克会从这代人中产生。

社会大环境的变化和创业氛围的愈加浓厚是身处其中的每个人都能切实感受得到的。我有一个很好的创业者朋友，叫李天放，估计比你们大不了几岁，他之前也在硅谷供职和创业，后来觉得国内的机会更大，于是就在 2012 年的时候回国。到现在差不多花了两年时间，他的团队做了一个移动应用叫“课程格子”，现在成了最受中国大学生欢迎的校园应用。

现在，创业不再是中国青年追求个人成功的事情，它已经有了一个新的定义，是这代人的自我解放运动。解放的是怕风险的枷锁，解放的是怕别人指指点点的心理负荷，解放的是随波逐流的禁锢。当每一个人开始创业的时候，其实他就做了自己事业的主人。

无论你是创业，还是加盟，当你有了这种勇气、抱负和信心的时候，就是力量爆发的时候。当然这么说，说得好像国内的情况有点太好了，其实我也是过过苦日子的。

第一次创业的时候，有一段时间我每天晚上就吃一块大饼，因为要省钱嘛。我住的地方就是公司二楼的一个小房间，一住就是两年，后来结婚都是在那里结的。这些当然都是老话了。但我想说的是，外部因素不重要，真正的内部因素在于创业的动力，在于这个时代的年轻人到底相信的是什么。

在座的各位是幸运的一代，赶上一个非常好的创业的时代。阿里巴巴在美国纽交所上市，融了 200 多亿美元，一举成为美国股市上最大的 IPO。

我相信，估计没有人会怀疑，接下来会有更多的中国科技公司在美国上市，这是过去积累的量变后的一个质变。如果要把未来 1 ～ 3 年有可能在美国上市的中国公司打印出一个列表来，这将会是一个很长的列表。

中国公司赴美上市，一方面证明了一群人经过多年努力创造巨大社会经济财富这条路是可行的；另一方面，我们应该看到，新的一代在崛起，长江后浪推前浪。新的更多更大机会的到来，正等待着我们。

有心人会观察到，越来越多的有才华、有专长的人都在干什么？他们纷纷离开体制，离开大公司、大机构。新浪副总裁、在新浪网工作 17 年的总编辑陈彤离职，在美国上市的久邦数码总裁张向东离职，现在开始自己创业。

而再老一代，很多在过去二三十年中靠房地产致富的企业家都到了退休年龄，王石、王健林等等。牵一发动全身，这些领导者的位移，引起的一定是连锁反应，这些位移、裂变，所释放出的信号、传递的信息、预示的机会、能量之大之多，在座聪明的同学应该好好关注一下。

当这些变化不断发生的时候，你一定要有所行动；如果我们只是纸上谈兵，那任何变化，无论好的、坏的，就都和我们没什么关系了。

（本文为周源在美国斯坦福大学的演讲，收入本书时有删节。）

目录

任泉

任泉：当演员让我学会看人、用人

人物简介：

任泉，1975年生，知名演员、投资人。1997年起先后投资餐饮、影视等领域；2014年与李冰冰、黄晓明发布Star VC投资计划。

"佟大为是我师弟，十几年了，他能坚持在我生日前一天的二十三点五十几分，打电话祝我生日快乐。你觉得这是一般人能做到的吗？"任泉面前放着一杯带吸管的饮料，说一段吸一口，看起来很萌。他刚刚补完牙齿，采访为此推迟了一个小时。

任泉相信任何人的成功都是有道理的。演员生涯带给他名利和人脉，但他真正的兴趣所在却是商业投资。不久前的博鳌亚洲论坛上，他以 Star VC（明星风险投资公司）创始人的身份参加青年领袖圆桌会议，还站在习大大身后合了影。

那时我想换个别墅

1997 年，成立蜀地辣子鱼餐厅；2005 年成立 1969 酒吧；2008 年，投资加盟鼎唐影视，同年成立美容院；2010 年，成立蜀地时代餐厅；2013 年，成立热辣壹号火锅店；2014 年 7 月，联合发布 Star VC 计划。

这就是任泉的创业轨迹。1997 年从上海戏剧学院毕业后，他的第一份工作不是拍戏。"当时觉得演戏是一个特别不稳定的职业，自己掌控不了，但又没有其他专业知识。我就想能干点什么呢？怎么才能每月赚三五千块钱，在上海生存下去？后来一想我会吃，就开一家小餐馆吧。"

他算了算大概要 10 万块钱，自己手里只有两万，于是开始到处借钱，结果所有人都反对。"家里人说开餐馆太没出息，经纪人说'你开餐馆我就跟你解约'，好朋友表示对我很失望。"最后，一个同学借给他 4 万。"我说你入股吧，你是大股东，什么都不用管，我给你打工。结果人家看不上。”任泉说。这位“天使投资人”就是李冰冰。

蜀地辣子鱼餐厅很快开张了，店面只能容下 8 张桌子。“菜单都是我定的，价格以我的消费水平为准。当时土豆好像是 8 毛钱一斤，半个土豆可以炒一盘土豆丝，算上辣椒和油，成本也就 1 元，要价 6 元也不算贵。一盘土豆丝就能赚不少钱。”

餐厅第一个月就盈利了，第三个月开始有人排队，半年多之后，任泉租下了店面楼上的二、三层。之后几年，他陆续在全国各地开设分店。看到生意红火，李冰冰后悔了，又想入伙，任泉说现在已经不是 4 万的事了。从此之后，李冰冰在投资上都听任泉的，他投什么，她就跟着。

“投资餐厅让我学会很多：办营业执照要找关系，看房子要了解房产信息，还有市场信息、物流信息，很多东西你必须去掌握和学习。一路走来，碰到不同的人，都会得到一些经验，包括好的和不好的。”

他也栽过跟头。2008 年前后，他看到别人赚大钱、住大房子很羡慕。“当时火锅店生意好，我就想，今年必须赚 1000 万，换个别墅。”他开始“大跃进”式地开店，在北京同时开了 4 家。“结果‘啪叽’，奥运会来了，各种外界干预，加上我这速度也太快，规模也太大，一个月就赔了 100 多万，半年赔了 1000 万。我本来是想赚 1000 万的啊！”

他开始反省：“我问自己，要大房子的目的是什么？用得着那么大吗？以后能带走吗？我发现自己特虚荣、虚伪。后来虽然又赚了很多钱，但再没换过房子。失败会让你思考很多，以后的心态就完全不一样了。在物欲横流的时代，外界会让你迷失。”

我从不挑战极限

任泉觉得创业是一种心态：“我不喜欢说挑战自己、挑战极限什么的。

驾驭不了的事情我从来不做。从容特别重要，所有的事情都是水到渠成的。”

这种心态是慢慢磨炼出来的。他坦承，创业前 5 年自己经常处于一种焦躁的状态中。“餐厅大师傅突然有一天说不干了，我就觉得天塌了一样。过几天消防部门的人来了，又是一天不能开张。”

5 年后呢？“我就破罐子破摔了，心想哪天经营不下去就算了，反正也赚了一些钱，不干就不干，怕什么？”

10 年后，他发现原来是自己之前想要的太多。“看人家住豪宅，我也想；看人家某部戏那么火，我也想。创业 10 年后，我心态变了，也习惯了每天处理很多事，协调、找关系，再难的事情也要去解决。生活就是这样，我就不觉得烦了。现在每天起床如果不接几个电话，心里都不踏实。”

他开始尝试更多的领域：投资影视剧，开美容院。但真正让他“顿悟”的是 2013 年 5 月，他看了电影《中国合伙人》，讲三个好朋友联合创业成功的励志故事。

“看得我心潮澎湃，拉着李冰冰又看了一遍。第二天，我对她说，这是一个合作的年代，是大家把资源放在一起共融的年代。我想把个人的餐厅品牌放弃，成立一家新的、能有复制模式、标准量化的公司。李冰冰说好。我说咱们还得找一个人，满足三点：一、有投资的理念；二、有影响力；三、得有钱。李冰冰说，找黄晓明，他有钱。”

任泉就给黄晓明打电话。“晓明是一个任何商机都不放过的老板。我用 10 分钟阐述了想法，他一句话没说，15 分钟后问我什么时候打款。”3 个月后，“热辣壹号”的第一家店开张。2014 年 7 月，三人把各自的资金、资源做了整合，成立了 Star VC。

质疑声随之而来，有人认为明星做风投是作秀、玩，有人认为明星合伙制的结果将是不欢而散。“我在专业能力上一定不是最优秀的，但我会看人、用人，这是演员的职业教会我的。至于三人的分工，大的方面一起决策，比如走什么路线、未来拉哪位新明星入伙，具体项目上是我把控得比较多，他们也信任我。”股权比例采用平分原则。“因为我们的资源是共享的。当然，亲兄弟明算账，我们会提前定好原则。”

有了分歧怎么办？“要么说服他们，要么我放弃。项目很多，最重要的是三人的凝聚力，而不是一个项目能带来多少价值。”

我情商很高，黄晓明仅次于我

面对记者，任泉毫不掩饰自己在人际交往上的自信：“我财商不高，但我情商很高，会从别人的需求考虑。我有企图心，我在乎你们的感受，希望你们舒服。”

10 年前，任泉听到别人说自己圆滑时很不平，后来觉得能圆滑一辈子也是了不起的。“为什么要刻薄别人呢？即使有些人不是我真心喜欢的，但为什么要让别人不舒服？我不是讨好谁，但我觉得聪明人会发现和学习别人的优点，傻子才总盯着别人的缺点。我们往往忽略他人的优秀。”

任泉觉得黄晓明是一个聪明人，尤其在投资上。“晓明的情商仅次于我，李冰冰情商就比较低，但她信任我，基本只问一句：你觉得行吗？”三人在公司里的排名顺序是黄、李、任，但实际干活的是任泉。“我不喜欢做老大，不喜欢当那个最被关注的人。别人问我是不是演配角太多了，其实我从小就这样。以前他们说我不温不火，有点贬义，但坚持 20 年下来，我觉得这就是我的性格，我不需要大火。”

Star VC 已经和两家互联网企业有了合作，走的是大众化路线。“利润很高但跟大众没关系的行业不太适合我们，我们更多考虑入股企业跟大家有什么关系，而不是一味地为了赚钱。”另一方面，他希望公司朝着公益平台的方向发展。“这次去博鳌，一个大学生村官说，你们现在把钱全部投在科技、互联网上，其实农村很需要基础设施投资，回报也很大。我很快就会去谈这方面的项目，尽管我们现在没有那么多资金，但可以把这个概念带动起来。”第三个投资方向就是他的老本行影视，任泉透露，2015 年 Star VC 会在电影领域发力，至少投资两部电影。

（撰文：尹洁）

闫曌

闫曌：未来的广告是按人卖的

人物简介：

闫曌，2003年毕业于北京大学，获化学及经济学学士学位。2006年与合作人洪倍共同创立数字营销公司 AdMaster（精硕科技），并担任首席执行官。

“我知道我的广告费有一半都浪费了，可我不知道浪费的是哪一半。”这是广告界众所周知的名言，在过去被认为是一个无法解决的难题。但随着互联网广告投放技术和数据应用技术的不断提高，今天，被浪费的那一半钱正在不断被找回。闫曌创建并担任CEO的AdMaster就是这样一家公司——营销数据技术公司。在位于北京朝阳区的公司总部，闫曌接受了《环球人物》记者的独家专访，描绘了数字营销行业蕴藏的无限价值。

“公平秤”+“神经中枢”

数字营销所做的一切，都围绕着营销数据的监测评估、分析和管理优化展开。作为独立的第三方机构，公司要监测其客户投放到市场上的所有数字广告的效果。进入智能手机时代后，移动数字广告的发展速度甚至超过了互联网本身，2013年开始，闫曌也带领公司进入了移动互联网领域。“移动端上各种各样的广告，只要你能想到的，都在被评估监测的范围之内。”闫曌对记者说，“就像买菜得有公平秤，买卖双方才能放心一样，我们在广告业中就扮演了一个公平秤的角色。我们提供的数据是广告主与下游媒体平台合作时依靠的一把尺子，而且是行业中误差最小的。”

某品牌可乐有过一个被行业热捧的营销案例：在瓶身上贴各种标签词，

比如“白富美”“天然呆”“文艺青年”之类，有 20 多个，几乎涵盖了当时所有网络流行词，营销效果非常好。“这不是拍脑袋想出来的，而是广告公司事先选取了 300 个流行词，然后通过我们公司的一款社交大数据软件进行分析，在极短时间内得到优化推荐的结果。我们可以为客户筛选出在社交平台，比如新浪微博上最受喜爱、热度高且容易引起共鸣的热词，印在瓶身上。”闫曌说。

在大数据应用出现前，不喜欢打游戏的消费者不得不看网页上弹出的各种游戏广告，通常他们都直接把网页关了，而现在的技术可以做到“推荐的就是你喜欢的或者需要的”。“比如推广一种药品，不需要每个人都看到我的广告，只要那些有这样症状，或者生这种病的人看到就行，否则就是浪费。通过分析大数据，你知道该跟谁讲什么话，不该跟谁讲什么话。”

对于消费者，这是广告体验的提升；对于广告主，是成本的节省；对于提供广告平台的媒体，则是流量变现的满足。“大数据的精准应用，能让整个营销链的每一方都高兴。在这个过程中，我们也会有相应的收入。”闫曌说，他希望自己的公司能在行业中扮演一个神经中枢的角色，把整个生态圈协调起来，让整体表现更好。与此同时，大数据营销也起到了去伪存真的作用。“有的媒体实力不够，可能是因为流量超卖。我们通过技术手段不断监测、分析广告流量的真实度，努力保护好广告主花的每一分钱。”

数据变现背后的原则

2003 年，闫曌毕业于北京大学化学系，之后在宝洁全球研发中心工作了两年，第一年在北京，第二年在菲律宾马尼拉。“宝洁的经历为我积累了很有价值的工作经验和超前的思维方式。在离开宝洁后，到上海一家咨询公司工作了一年多，帮助一些世界百强的汽车企业做中国发展策略。”到 2006 年，闫曌开始自立门户创业。“当时看到互联网发展的潮流，觉得营销和数据相结合会是一个朝阳行业。加上认识了我的合作伙伴洪倍，我们一拍即合，觉得这个行业是能够干出一番事业的。”

经过 9 年的发展，公司现在有 300 多名员工，北上广三地都有分支机构。闫曌认为，把数据变现是公司得以持续发展的关键所在，“很多公司都拥有大量数据，但它们找不到好的方式去变现，而我们在获取数据的同时，还做成了生意”。

在闫曌看来，大数据的价值体现在“联结”两个字上：“我们要做的就是把可用数据与广告主需求联结起来，利用这些数据为广告主创造价值。数据越流动、越联结，创造的价值越大。但大前提一定是安全，要能够非常好地保护各方利益。”

为了对接得更好，从 2009 年至今，闫曌带领团队进行了很多创新。“我们推出了受众评估体系，就是说，除了有一万人看你的广告外，我还知道这一万人中有多少男、多少女，多少是 20 到 25 岁的女性。后来我们又率先推出了把大数据监测分析结果应用到社交媒体上的产品。”

除了创新能力，还有一点同样重要，就是坚持原则。“从创业之日起到现在，我坚持要做一个公正中立的第三方，不去做跟裁判定位不相符的事。我的一些同行会涉足广告投放业务，觉得既然做了监测，那么顺带做广告生意是自然而然的。但一些大客户，比如腾讯，选择合作伙伴的时候，会首选原则性强、定位清晰的第三方机构。因为如果合作伙伴不靠谱，不知哪一天就会出问题，这个风险是不可控的。所以我们始终坚守第三方的身份，不做‘我既帮你做评估，又帮你投广告’的买卖。”

大数据营销越来越自动化

对于大数据营销行业的发展，闫曌认为，一切都将越来越自动化，人们会有更多时间去做更有意义的事，不是进行重复劳作，重复的东西都可以交给程序。

“原来广告是按天卖的。现在数据能够为每个人打上标签，标注人群的属性和兴趣，所以整个互联网广告行业都在往程序化的方向走。也就是说以后的广告都是‘人’的交易。我选中这个人一次，就付一次钱，你可以给我推荐一万人，但我只选择其中的八千人，剩下的两千人我认为不是我的受众，你可以卖给别人。这种程序化购买，会让广告效果变得更好，让数据的力量体现得更加淋漓尽致，同时选择也更多。这就是一个优选的过程，前提是数据支持，自动优化的能力。”在闫曌看来，自动优化的能力是通用的，只要换个模型，就可以把它应用到不同的场景下。“可能这是几年以后的事情，但我们会紧密关注这个发展方向。”

闫曌表示：“全球化有巨大的市场。只要我们东西做得足够好，在国际舞台上就有施展拳脚的机会。过去这两年，中国很多公司利用移动互联网的大趋势，已经扬帆出海了。在它们淘金的过程中，我们希望成为其左膀右臂，帮它们更好地在海外拓展。带兵打仗，粮草先行还是很重要的，我们就是粮草之一，同时也是望远镜、雷达，能让你看得更清楚，制定策略时更安全、更正确。未来 3 年，我们希望跟着中国企业一起出海，把旗帜插到全球各地。”

目前，AdMaster 在欧洲、北美和东南亚均建立了分支机构。谈到未来，闫曌说：“第一是全球化，第二就是全面深入移动化。移动的潮流不可抵挡。智能手机已经在全球范围内掀起变革潮流，中国绝对走得最靠前。中国有七八亿移动用户，没有比中国更大的市场。你在这个市场上积累的经验，无论是移动广告监测与归因分析，还是移动社交数据挖掘分析，都能应用到海外市场。在中国企业成长到国际巨头的路上，我们将是其最好的合作伙伴。”

（撰文：尹洁）

《独·生》剧照

母子健：投资纪录片空间很大

人物简介：

母子健，1988 年出生。2013 年毕业于纽约大学新闻与纪录片专业，首部纪录片《独·生》获美国 2014 年学生奥斯卡纪录片单元铜奖，并入围第八十七届奥斯卡最佳纪录短片候选名单。

纪录片《独·生》是母子健的毕业作品，获得了美国2014年学生奥斯卡纪录片单元铜奖，并入围2015年第八十七届奥斯卡最佳纪录短片候选名单。拍摄这部短片时，母子健还是美国纽约大学新闻与纪录片专业的一名中国留学生，现在他已经成为美国纪录片产业化体系中的一员，每三个月来一次中国，寻找可供拍摄的“项目”。2015年3月27日，他在北京一家咖啡馆里接受了《环球人物》记者的采访。在他看来，纪录片承载了社会与投资的双重价值，成熟的产业体系可以使纪录片发挥最大的社会影响力，其中蕴藏着巨大的市场价值，而中国在这一领域还是一片“蓝海”。

《独·生》背后的快车道

母子健是北川人，那里是2008年汶川大地震的重灾区。地震发生时，他在四川大学国际经济与贸易专业读大二，因此躲过一劫，但他的爷爷、堂弟等很多亲人都在灾难中去世。不久后，母子健得到了赴美交流一年的机会，其间他开始对纪录片产生兴趣。2011年本科毕业后，他申请到了美国纽约大学的硕士奖学金，专业方向是新闻与纪录片。

《独·生》最初只是母子健的学生作业，通过学校的资源，他获得了1000美元的启动资金。接下来是4个月的拍摄期，他追踪了在地震中失去独生子女的三个北川家庭，透视了失独家庭心灵重建的艰难，希望唤起人们对一些政策和制度的反思。

拍摄工作都由母子健一人完成。“在那4个月里，我和这3个家庭吃在一起，睡在一起，每天观察并记录他们的生活起居。”拍摄完成后，他把片子带回美国进行剪辑，加上后期制作，又花了近一年时间。

《独·生》于2013年制作完成，在业内获得了不错的反响，拿下了2013年洛杉矶亚裔影像电影节最佳纪录短片奖、2014年学生奥斯卡纪录片单元铜奖，并入围了第八十七届奥斯卡最佳纪录短片候选名单。

从一个纪录片门外汉到获得业内关注，母子健只用了一两年时间。他认为自己的“幸运”与所处的环境密不可分。“纽约大学在电影领域是非常有影响力的，培养了李安、奥利弗·斯通等国际级导演。我们的老师也都是业内资深人士，我们在做的看起来只是一个研究生项目，其实行业参与程度非常高，而项目的影响力之所以大，也是因为参与者是行业中最有话语权的人。另外，学校资源非常丰富，片子拍出来后，可以提供很多播放渠道和视频网络，所以我相当于拥有一条快车道。”

纪录片产业链

母子健所说的“快车道”其实就是美国已经成熟的纪录片产业化体系。“纪录片在任何地方都是小众的，在美国也是。二十多年前，美国的纪录片行业跟中国现在一样，没有市场化体系，导演们都是以作品为基础寻找投资和发行，片子拍出来就行了。后来，随着网络媒体平台的发展，一些投资人发现纪录片具有很强的社会议题性，可以发现问题、提出问题，并推动问题的解决，具有很大的社会价值和影响力，其中也蕴藏着市场价值。于是就有很多机构，比如私人慈善基金等，开始把投资纪录片作为产生社会影响的方式，这逐渐成为美国纪录片行业最主要的资金来源。”母子健对记者说。在他看来，中国的慈善机构还停留在比较基础的阶段，以捐款捐物为主，而美国那边更关注对社会产生的影响和改变。

“经过多年的发展，很多电影节在某种程度上都变成了投资机构，比如圣丹斯国际电影节，现在也是一个投资实体了。此外，国际上有很多纪录片节，只要有好想法，你拿两张照片或者一张纸都可以去融资，只要他们认为你的想法可以带来社会改变，有商业影响力或者社会回报，就会给你提供资金和资源。换句话说，当你的想法成为一个'项目'，你就成为一个被投资的对象，从拍摄、制作，到媒体报道、播放渠道、影响力推广等，都是其中的环节，投资方会提供一个专业的团队帮你运作，每个环节都有专门的人员负责。这是过去10年西方最普遍的做法。"

在美国相对成熟的市场体系中，新闻类纪录片的拍摄过程仅仅是个开始。"拍片子本身不需要多少钱，越往后越需要资金，包括后期制作的人力、进入各个平台播放等，所以导演就是跟着项目走，可能拍片子的只是一两个人，后期才是整个行业参与进来。这是美国最有优势的地方，而中国现在没有，导演只能单打独斗。一部好的纪录片要发挥最大的社会影响力，需要有专业的制片人，找到资金，建立团队，找到合适的推广平台，进院线，进网络，进入公共视野……中国现在很缺这样的专业人员。找导演相对来说很容易，但制片人才能让片子具有专业水准。"

至于商业回报，主要是通过大量可播放纪录片的网络。"受众选择买或者租，按次数付费；如果在电视台播放，会有播出费；还有一个就是教育市场，美国几千所大学都会购买此类纪录片，一张DVD可以卖到300美元，因为公立大学的需求度是很稳定的。总体上说，这种纪录片并不是常规意义上通过电影院发行的。"

中国市场潜力巨大

在母子健看来，美国纪录片产业发展了这么多年，加上媒体环境不同，美国人对纪录片作为信息来源的依赖已经下降了很多，但中国还处于"一部好的纪录片可以引起爆炸式传播效果的阶段"。近年来的一些"现象级"纪录片也验证了他的看法。

有市场，有资本，有人才，为什么中国的纪录片市场没能像电影、电视剧那样蓬勃发展？一位新闻纪录片行业的资深人士对《环球人物》记者表示，中国的纪录片从业者还不懂得和市场妥协。“有很多卫视找过我，说只要你的（纪录片）收视率能达到某个电视剧的平均收视率，我们单集收购价格可以给你 15 万。市场已经到来了，但中国的纪录片人还没有准备好。其实我们完全可以拿出好的纪录片产品，去市场上敲门。”

另一方面，新媒体的迅猛发展也带来了机遇。母子健告诉记者，过去两年，美国纪录片在网络平台的播放方式也出现了很多新形态。“美国这两年最突飞猛进的一点，就是小成本话题性纪录片在很大众化的网络平台播放，公众获取方式非常便捷，所以会出现疯狂点击的情况。”他认为，目前互联网的发展趋势对于纪录片来说是非常有利的，因为互联网的一大特点就是成本效应。“以前电视台很少会花钱购买纪录片或小众化的节目，但现在出现了更多独立网站和视频网站，会拓展一些新的渠道为小众服务。小众用户在互联网上很容易积聚起来，能形成一个很大的细分市场。此外还有大数据应用，可以根据每一个用户的浏览记录判断个人偏好，能非常精准地把用户喜欢的内容加以推荐，这种模式对纪录片来说也是非常好的发展渠道。中国在这些领域存在很大的发展空间。”

（撰文：尹洁）

2015 年 3 月 15 日，江宇虹接受《环球人物》记者专访。

江宇虹：辞了高管当“农妇”

人物简介：

江宇虹，出生在上海，英国伯明翰大学 MBA 与市场学双硕士、管理学博士，阿卡农庄创始人。

如果你是生活在城市的上班族，能不能坐在写字楼里，照看着自己的菜地，吃上自己种的菜？这一切，在阿卡农庄就能实现。客户可以通过手机微信或客户端实时看到菜地的情况，动下手指，蔬菜24小时内就能送到家。

将这个农庄搬上互联网的就是江宇虹。她曾是外企高管，如今却成了一个“地道的农妇”。在接受环球人物杂志记者采访时，说起地里的事，她一样都不含糊。不过，这个“农妇”有点不同，她将IT企业的管理思路和创新模式运用到农庄的经营中。江宇虹说：“互联网农业与传统农业的不同在于，它打破了时间和空间的限制，可以和不同行业嫁接，创造出更多的产品。”

一个妈妈的心愿

如果不是4年前儿子的出生，江宇虹恐怕现在还是个在职场打拼的金领。她出生在上海，父母都是知识分子。江宇虹从小读书就好，拿到了英国伯明翰大学MBA与市场学双硕士、管理学博士。留学回国后，她进入IT行业，曾担任戴尔大中华区高管。

每天在写字楼里的生活，让她越来越厌倦。江宇虹说：“小时候，我在乡下待过，在菜地里撒欢的日子，太美了。我不想让儿子从小连菜地长什么样都不知道。”于是，她辞了工作，在北京顺义买了块地，盖房、打井、种菜，过起了乡村生活。不少朋友常常跑到她的私家菜园，种菜、锄地，吃农家大餐。“既然这种生活方式大家都喜欢，我是不是可以把菜园子做大呢？”

有了这个想法后，江宇虹开着车，在昌平找到了实验田——16 个闲置的大棚。“传统农业的模式是先种后卖，种什么卖什么，销路很难保证。我们的做法是先找到客户，再根据需求下订单。”那第一个客户怎么来？面对记者的疑问，江宇虹说：“大家都是有需求、有梦想的，我把大家的梦想实现了，就会有客户。我们做的是一种体验式农业，副产品就是体验式的农产品，大家可以参与其中。再通过云服务来监控生产流程，保证吃到的食物是绿色、健康、有机的。”就这样，江宇虹相当于零投入，在 2012 年创办了阿卡农庄。

根据客户订制产品

经过3年的发展，阿卡农庄已经有两万多家庭会员，两百多家企业会员，仅昌平的基地就有五百多个大棚，这样的基地还有 3 个。北京周边也有不少农庄，为什么阿卡能留住客户？江宇虹有自己的经营之道。江宇虹说，做 IT 的人相信标准化和流程化。

所以，阿卡农庄从创办那天起，就有一个智能大脑。每个地块都通过 IT 系统严格监控它的生长过程，保证食品安全。比如，卷帘机什么时候打开，决定蔬菜的光照时间；风口什么时候打开，决定大棚的温度；还有土壤的湿度，也影响病虫害的发生率。这些数据管理者都可以远程监控。还有育苗、授粉、土壤改良、病虫害防治等，每个环节都有标准控制。农庄不仅能提供蔬菜。记者在采访时看到，大棚上挂着不少像甲骨文、大众、松下这样的大企业标志。江宇虹说，有些企业会组织员工来这里做团队建设，干干农活，吃农家菜；还有企业把一些活动搬到了农庄。“每个客户的需求都不一样，我们要根据对方的诉求订制产品。”之前，有个企业想做公益，农庄就设计了适合的公益项目。江宇虹找来艺术家，给打工子弟学校的孩子们上课，又带他们到农庄，种地、建菜园。种出的蔬菜，阿卡都批量送到学生食堂。因为这件事的公益性，阿卡只收了很少的成本钱。江宇虹说，她希望把公益心传播开，让更多的人参与进来。

对于家庭客户，农庄也有订制化的产品。在被家庭承包的地块上，都写着主人的名字。用户根据喜好，在当季适种的30余种大菜单里，选择品种。从种植到收割可以自己完成，也可由农庄代劳，收获的蔬菜可以冷链送到家。农场还有一些教育课程，让孩子们了解自然，体验农田的乐趣。要服务好这些个性化的客户，少不了强大的团队。在她的团队里，负责产品包装的是从4A公司出来的设计师，负责科研的是农林科学院研究员，组织活动的是大公司资深策划，而种地的事则交给村里找不到工作的农妇。江宇虹说：“她们培训上岗后，有了不错的收入，上班时间也很灵活，不耽误照顾孩子。来阿卡的人，不管是什么身份，干起农活来都得请教这些阿姨，这种被社会的尊重和认同，让她们很满足。”

农业是丰富多彩的

在“互联网+”的大趋势下，农业已经成为下一个蓝海。江宇虹认为这种依托于城市需求的小微农场发展空间也会越来越大。她希望通过加盟或合作的方式，让阿卡的技术为更多农场服务。“只要这个加盟商真心想做农业，农场有一定规模，阿卡就可以提供免费的IT管理系统、种植规范和标准等，但他要生产出符合标准的产品才能挂阿卡的牌子，恪守食品安全底线很重要。”江宇虹发现，客户对有机农产品的需求也很多样。那些自有品牌的商家或农场，可以通过合作加入到阿卡的供应系统中，当然前提是这些产品品质优良。

江宇虹说，创业者就是要用好手里的“牌”，关注自己有什么，而不是去抱怨没有什么。条件不够，就因地制宜，做自己擅长的事。

作为江南女子，江宇虹还有一个未完成的心愿。她正试图在杭州一个老村落挖掘桑蚕、竹子等农产品的附加价值，邀请当代设计师进驻，将其打造成文化创意的乡村度假地。“江南有许多老农民，因为收入低，纷纷外出打工，手工技艺就流失了。如果我们把这些农产品的艺术价值和商业价值挖掘出来，解决了出路问题，他们就不用去打工，能留在乡村做自己喜欢的事。”

江宇虹说，农业是丰富多彩的，一个好的农业生态系统，是不同的农企在一起共生共赢。它涉及生态链的各个环节，有供应产品的、供应上游服务的，有农民、艺术家、企业家，还有教育、旅游、文化产业等，未来我们能做的事还有很多。

（撰文：刘雅婷）

孙浩

孙浩：拼服务的竞争更精彩

人物简介：

孙浩，生于1972年，北京人。1995年毕业于清华大学电子工程系，2000年获得美国密歇根大学商学院MBA学位。到家美食会创始人，曾任丽华快餐总裁、华友世纪副总裁。

今天吃什么？对于懒得出门的吃货来说，不是个难题。因为你只需打开手机或电脑，动动手指，各种美食就能送到面前。这就是外卖 O2O 平台在干的事。

和 2014 年年初的打车软件战争一样，如今各家外卖软件也在这片蓝海里激烈地拼杀着，补贴大战不断升级，用户点外卖常常比到店里吃还便宜。而在这场资本游戏中，却很少看到“到家美食会”的踪影。因为在它的创始人孙浩看来，注重用户体验，做高品质的外卖服务，才是生存之道。

望京“试验田”

O2O 即 Online To Offline，指将线下的商务机会与互联网结合，让互联网成为线下交易的前台。到家美食会算是外卖 O2O 市场的一员老将，它成立于 2010 年，比后来由互联网巨头投资的淘点点、百度外卖等早了两三年。而搞技术出身的孙浩，做上吃的生意，也是一次偶然。

2005 年，孙浩在北京望京第一次创业。当时，望京有很多新建成的小区，刚搬来的居民对周边情况不了解，而刚进入的商铺又急于宣传找不到渠道。于是，孙浩就做了一个类似社区黄页的网站，将商家和用户的需求联结起来。他们还做了一本口袋书，里面有各商家的优惠券，方便人们查阅和携带。孙浩说，刚开始效果非常好，第一个月就有商家来投广告，收入也不错。可坚持了两年后，还是没做下去。“那时人们对互联网的认识还不成熟，用户习惯也没有形成。”孙浩说。但这次创业给他最大的收获是，积累了很多本地服务类的生活经验，知道商家和居民想要什么。

2007 年，孙浩进入传统外卖企业丽华快餐，出任 CEO。这段经历可以说是他“接地气”的过程。上任之初，他做了很多“走基层”的事：去各地市场了解情况，跟送餐员一起去送餐、卖饭票、收餐费……“每次去送餐，拿着一堆现金回来，你能看到市场需求的旺盛和消费者付费的意愿。”

在这个过程中，孙浩也在反思：“随着消费水平的升级，一个简单的盒饭已经不能满足人们的需求，而且一些洋快餐也有了外送服务，竞争越来越激烈。不如退出‘做饭’环节，做一个平台，只提供服务。”

2009 年底，孙浩又在望京搞起了“试验田”。他在丽华内部成立了一个外送小组，和望京 30 家餐厅达成协议，开始进行送餐试验。结果两三个月就做出了口碑，市场反应非常好。第二年，这块“试验田”最终离开母体，成立了到家美食会。

与别家不同

这时，孙浩已经很清楚自己该干什么了。“到家美食会就是要构建一个开放平台，把大家喜欢的食品放到平台上。我们要做的就两件事，一是贴近客户、推销产品；二是抓住最后一公里，提供服务。而中间的食品制作、仓储等环节是绝对不碰的。”

为了保证这两头，到家美食会采取了与其他平台不一样的策略。首先在合作伙伴选择上，要求有一定知名度、有品质保证或有独到特色的餐饮企业。“我们不会在大街上随便签下哪家小店，并不是说小店不好，只是品牌餐厅在食品安全上更有保证。而且，中高端餐厅平均客单的金额较大，利润空间也更多。”

其次，到家美食会自建物流团队，这样投入的人力就比其他平台高很多，扩张速度也慢。现在，市场上以“饿了么”为代表的外卖平台，大多没有自己的配送队伍，主要靠餐馆或第三方物流完成，因此扩张速度更快，覆盖地区更广。但孙浩认为，现在餐饮市场不成熟，随便给餐厅丢几个订单，往往会造成服务质量不可控，导致送餐延迟、送错餐等问题，对客户造成伤害。只有自建物流才能在服务上进行把控，即使扩张速度慢一点，也要先把服务做好。

孙浩所说的服务，已经不仅仅是按时送达、有个好态度的服务，而是体现在每一个细节，在标准服务体系下的个性化服务。比如，他们跟商家共同研发配送器皿，尽可能减少食物在配送中造成的色香味流失。以配送沸腾鱼乡的水煮鱼为例，他们尝试了好多器皿，可一般的塑料盒遇到热油立刻就变形了，不锈钢保温桶传热快又不好携带，试了好几种，才发现了一种耐高温的玻璃盒子。而在配送旺顺阁的鱼头泡饼时，他们选用的是大号的平底锅。“我希望用户在家里看到的鱼头跟餐厅是一样的，而不是剁了好几块，完全没有食欲。”

此外，到家美食会还给了送餐员很大的自主权。公司有一个指导性的提纲，送餐超时会对客户进行相应赔偿。赔偿额度由送餐员自己把握，最大的权限可以做到全单免费。孙浩说，要把这种精神贯彻给每一个送餐员并不容易，只能通过一次次培训和制度的执行，让员工看到管理层向用户提供好服务的决心。

不愿意跟着别人跑

面对外卖市场的补贴、圈地大战，孙浩依旧保持沉稳。发展到第五个年头，到家美食会只覆盖了北京、上海、长三角等地区的8个城市。孙浩说，未来的扩张步伐可能要快一点，但前提还是要做好服务。“有的外卖平台一下覆盖200个城市，后来资金跟不上，又开始收缩，这对一家企业来说是伤筋动骨的，团队也会丧失斗志，所以我们还是要在保证服务的基础上继续推进。”

在孙浩看来，想用烧钱来吸引用户基本不太可能。“现在的外卖市场谁都不缺钱，百度、阿里、腾讯三巨头聚齐了，每家都有一块‘自留地’，都有固定的用户，别人很难抢走。而且，只要看好市场，这些巨头可以把钱持续烧下去，拼这方面我们是拼不过的。”

所以，在完成第四轮融资后，到家美食会并没有加入到补贴大战中。孙浩说：“不能永远跟在别人屁股后面走，别人的有些资源你没法去模仿。我很讨厌同质化竞争，你降两毛，我降三毛。我们能不能来些更精彩的竞争，能不能拼服务，拼送餐员的效率，这才是扎实的价值。”

孙浩说，2015年是他创业的关键一年，不进则退。但和上次创业不一样，他并不焦虑，因为他明白方向在哪里。作为一个创业者，他的梦想就是做一个能够给人们生活带来便利的品牌，因为这可以给他带来极大的满足感。

（撰文：刘雅婷）

范晓忻

范晓忻：8 年前已经起飞的鹰

人物简介：

范晓忻，毕业于清华大学，创办了国内较早的产业链 IT 服务企业；2014 年度中国经济人物、2015 中国青年领袖。

春天来了，你还记得沉睡的大地是什么样子吗？

范晓忻记得。8年前，没有“互联网＋”，也没有“大数据”，更没有“中小企业融资机制”，没有一个现成的名词能描述他要干的事业，他得用一个复杂的句子命名自己的公司——金融电子化，联合银行。简称“金电联行”。

那时候，不起眼的金电联行要在寸土寸金的北京 CBD 安家，只租了楼层的 1/4。现在，则铺满了整个楼层。“做了这么多年，突然觉得被一股强大的力量推着走了。”范晓忻的声音却带着沉思的意味。时至今日，用互联网金融帮中小企业贷款，不再是他一个人的创业，而是一种强烈的社会需求。

生命中的两次感动

范晓忻遇到过两个难忘的中小企业。

一个是北京的汽车顶棚生产企业。“他们给世界知名的重型卡车生产顶棚，当时需要一笔 200 万元的贷款，银行就是不批。厂房是租的，能抵押的只有汽车顶棚，银行要你的汽车顶棚干吗？老板没办法，找到了我们。我们到了郊外，见到了破烂的厂房和陈旧的铁栅栏门。”

里面的情形却让范晓忻大吃一惊。一整张带着毛边的汽车顶棚缓缓传送过来，而在巨大的工作台上，不是机器，是一名 40 多岁的女工手持裁切刀目不转睛地盯着金属板，“咔”！下手，裁切，又稳又准，一张漂亮的卡车顶棚就问世了。老板骄傲地说："我们的裁切手艺比国外用昂贵设备裁切出来的好得多。只要能贷到200万元，购买到扩大生产的原材料，我就盘活了。这些工人跟了我10年，保住这个厂子就是想保住这些工人，保住这门手艺。"

陪同范晓忻去的央视记者闻言热泪盈眶，范晓忻的心头也是热流涌动。"位置偏、外表破，这些传统贷款要考量的东西，其实算什么呢？优秀的、熟练的、不可取代的工人，才是他们的核心竞争力。"

范晓忻决定帮这家企业申请纯信用贷款。办法很简单，给企业电脑内置一个金电联行的数据挖掘机器人，自动抓取企业数据，如：订单、生产、物流、入库、出库、生产线上线、下线、增值税发票确认、结账、付款、能耗、工资等等。然后，金电联行的一整套数学模型对这些数据进行分析，给企业的经营状况和信用条件打出一个分数，提交给银行；分数高，意味着企业优质，银行就可以放贷了，不再需要企业提供各种名目的抵押、质押，或是跟别的企业联保借贷。简而言之，这是把一堆大数据变成一个信用得分，再把信用得分变成一笔真金白银的过程。

几周之后，贷款批了，老板千恩万谢。

另一个是山东的汽车玻璃生产企业。有一回，某车企采购员跟该企业老板随口说道："汽车的关键技术没几个，大型载重汽车的座椅减震算是一个，这个核心技术掌握在德国人手里，光进口这个就没少花钱，中国能做就好了。"老板说："那我来试试。"采购员大笑："开什么玩笑！你一个做玻璃的，做得了减震设备？"

老板却下了决心，打听到一家科研机构正在研究减震技术，他把钱全投给科研机构。还不够，怎么办？银行是不会陪着他疯的。此时金电联行在山东已经帮助好些中小企业申请到纯信用贷款，老板听说后，立刻坐火车往北京赶。第二天下午，他走进范晓忻的办公室，滔滔不绝地介绍自己新的生产计划，一直说到吃完晚饭道别。其间，无论范晓忻是招呼他喝茶、夹菜，还是问他一些基本情况，他总能三言两语又回到“玻璃”和“减震”上。

范晓忻再一次感动了。“这些中小企业家没有爱好，甚至没有第二个话题，一门心思只有自己的产品。他们质朴、执着、勤奋，埋头做最基础的制造业。有这样的中小企业在，中国经济就算有下行的压力，也不会真掉下去。”帮助这样的中小企业好好活下去，是责无旁贷的。“这一点，我最初创业时没想过，现在越来越强烈地感觉到了。”

没多久，金电联行为这家企业申请到纯信用贷款，老板又坐着火车来北京，带着一大堆土特产。他们表达谢意的方式也是质朴的。有时候，金电联行那间有着整面落地玻璃墙，铺着德国浅灰白色地毯的会议室里，会堆满烟台苹果、德州扒鸡甚至是义乌丝袜，全是中小企业家们的谢礼。

“数据可以修复我们的诚信”

从范晓忻的讲述里，我们捕捉到一个关键点：信任。

“企业为什么愿意把数据提交给你们呢？有些数据包含着核心商业信息。”

“最初是环境使然，中小企业的融资环境不佳，资金是他们的燃眉之急，只要能贷到款，提交数据怕什么呢？”范晓忻说，“而且，金电联行的机器人抓取和数学模型分析，确保了这些数据不会被人为因素干扰。2014 年，我们获得中国人民银行首批企业征信牌照后，采集数据更为顺利。”

“银行为何愿意相信你们的数据？”

“其实数据比报表真实。传统的贷款，企业花十天半月，就可以做出漂亮的报表来，银行很难一一核实这些报表的真伪。但是企业的数据很难伪造。”

范晓忻拿起一张增值税发票，“这上面至少有 20 多组数据：交易对手、交易产品、交易金额、交易数量、交易时间、交易账号……每个企业都有成百上千张增值税发票，这些数据是作不了假的。当然，有的数据没这么复杂，企业也许想作假，但他们不知道怎么做呀！他们不知道数据的相关性究竟在哪里。一个库存数据，企业不知道改得多一点还是少一点才会获得高分，他怎么改？”说到这里，范晓忻的眼睛闪闪发亮，笑了，是理工男解出一道难题时的经典模样：“都说中国社会出现了诚信危机，其实诚信是可以靠技术来支撑的。”

现在，地方政府工作人员的身影，也出现在金电联行的会议室里。起初，范晓忻有点纳闷，政府部门来找我做什么？

“地方政府说，你们能帮助我们预测金融风险。我们一听，真的吗？那把你们的数据导入我们的模型算算吧。一算，果然，如果有2000家企业的订单在减少，库存在增加，现金流有异常，就能清楚地算出金融风险在哪里。”范晓忻感叹，“现在，是地方政府在告诉我们，大数据可以干更多的事。大数据就是百年前的石油，是最重要的经济和社会资源。”

先行者的痛苦

而在2007年，范晓忻闯入的是一片处女地。离《大数据时代》一书出版还有5年；离奥巴马将“大数据战略”上升为美国国家战略、世界进入“大数据元年”还有6年。那时范晓忻有点像美剧《老友记》里的“统计分析和数据修复专员”钱德勒，没法跟陌生人解释清楚自己到底是干什么的。

他原本在汽车供应领域干得好好的。那年他清华大学的师弟在美国华尔街工作多年后回国看他，他把师弟扔在会议室。“我可以看看你的电脑吗？”师弟问。“看吧。”他忙去了。两小时后，他路过会议室，吓了一跳：师弟还在，连姿势都没变。“你没事吧？”师弟盯着电脑，“让我再看会儿。”

最后，师弟说：“老范，你有机会了。”

“啊？”师弟兴奋地讲美国如何以信用贷款为主。“你电脑里有这么多汽车行业的数据，就可以做出数据分析来，找银行要贷款。”

“哦。”

师弟反复游说："我介绍外资银行来！"

那时候范晓忻 34 岁，年轻无畏，一脚踩进自己完全不懂的金融行业。如今回想起来，范晓忻总是挤对师弟："说好的外资银行呢？影子都没见着。"

创业团队 4 个人，3 个来自清华。范晓忻负责企业管理、建模数据整合和计算机模型设计；联合创始人朱志伟负责科研、技术以及与银行沟通；师弟负责引入美国模式和资源整合。跨了产业、金融、IT 三界。

范晓忻挑出模型分析后得分最高的几家企业的资料送给银行。第一家被否决了，第二家被否决了……直到第六家，银行才表现出一点儿兴趣。可中小企业没房产抵押，全靠数据放贷，银行没必要吃这个螃蟹。范晓忻一趟趟跑银行，1 年里跟他们开了二百多次会，平均每周开 3.8 次。

2010 年 5 月，金电联行获得了第一笔业务，那是 1500 万元的贷款。然而，之后的半年异常痛苦，范晓忻接连报了几个优质企业的申请，接连被否决。公司陷入生存危机。他终于动摇了："银行就是看我们勤奋，跟我们尝试一下，根本不能批量生产。"

决定放弃的那天下午，他和朱志伟步行去银行。两人走得很慢，商量好了每句话怎么说。怎料绝处逢生这种事真的砸到他们头上。到了银行，老总竟在电梯口等着，张口就是："范总，不要放弃。"银行批贷是一票否决，其中一人休假刚回，对金电联行的模式毫无了解，因而否决。老总说："来，我们商量下一步怎么办。"

"要不，再干一个月？"回来的路上，范晓忻对朱志伟说。

一个月后，几个单子全批了。

"文艺理工男"的魅力

在范晓忻的创业道路上，支撑他的秘诀之一是母校清华大学的校训：

厚德载物。“这让我自始至终是一个脚踏实地的人。”

1990 年，17 岁的范晓忻考入清华大学计算机系。在清华园，他不是那种传统意义的理工男，他活泼外向，是学校合唱团的团长。如今声名鹊起的李健就是他在清华园的“歌友”。现在，金电联行的核心技术团队中还有许多清华的博士。

另一个支撑点，或许来自家学渊源。范晓忻的父亲是新中国生物专家，20 世纪 70 年代，他带着一批科研团队研制中国第一批自己的红酒，这是轻工部的项目。年幼的范晓忻经常坐在父亲的单车后面，一路驶向实验室。实验室里的叔叔阿姨把烧杯里的红酒拿给他喝，他毫不客气，一口喝光，倒头呼呼大睡。以至于他一度以为红酒就是要用烧杯喝的。

歌喉与红酒为范晓忻的管理大大加分。他的员工多为“80 后”“90 后”，正是懂得欣赏“文艺理工男”的一拨人，他们很喜欢老范，工作时一起拼，加班时则笑嘻嘻地说：“老范，开支红酒慰劳我们。”范晓忻大喜：“好，拿几支有故事的红酒。”兴致高时，范晓忻来一曲李健式的安静吟唱，技惊四座。在北京 CBD，从来不缺少精致、高傲的商业精英，而范晓忻是和煦的，是红酒实验室和水木清华的气质。

这个春天，互联网的精英都在说“风口理论”——只要你站在台风口，哪怕你是一只猪，也能飞起来。我们给范晓忻出了道选择题，在风口，你的选择是什么？ A. 继续走；B. 小步跑；C. 快步跑；D. 飞起来。

“我选 B，小步跑。”范晓忻幽默了一把，“我们这只猪太重了，飞不起来。”

其实，8 年前已经起飞的鹰，今天有没有风都能走好。

（撰文：许陈静）

YouTube 创始人查德·赫利从不担心盈利，只关注用户体验。

YouTube 创始人查德·赫利：互联网创业就是创造，卖掉，再创造

人物简介：

查德·赫利，1977 年生，美国企业家。2005 年与陈士骏等人创立视频网站 YouTube，担任 CEO；2013 年创立社交视频分享网站 MixBit。

在2015博鳌亚洲论坛的“创业者说”分论坛上，YouTube联合创始人查德·赫利一直跷着二郎腿坐在沙发上，不时被主持人和参与讨论的各国创业大佬们的言论逗得哈哈大笑。分论坛结束后，他又被粉丝们团团包围，开心地摆出各种姿势合影留念，直到接受《环球人物》记者采访时，他还停留在欢乐与激动的情绪中。“这是我第一次来博鳌。中国有很多机遇，每个人都在思考怎么参与到创新、创业这股大潮中，我很受启发。”

美国合伙人

赫利出生于美国宾夕法尼亚州，很小的时候就对艺术设计产生了极大兴趣，上高中时又迷上了计算机和电子媒体。在宾夕法尼亚大学读书时，他最初选择了计算机专业，后来又改为艺术设计。1999年大学毕业后，他只身来到加州的硅谷闯荡，最初进了PayPal（著名电子支付公司）。

那时PayPal刚成立不久，赫利在里面主要负责品牌logo设计。后来他遇到了两位年纪相仿且志同道合的同事——陈士骏和贾德·卡林姆，怀着对科技创新的热情，三人组建了YouTube创始团队，赫利任CEO。那时三人常常聚在车库里，想设计一个能让人们非常容易地观看、分享、评论视频的网站。

“开始只是一股热情，因为觉得朋友间分享视频时不够方便，会受制于文件大小等各种因素。”赫利对《环球人物》记者说，“然后我开始认真思考用户该怎样与视频产生联系，不仅是网站品牌，还有网站布局，比如播放键、分享键这些小细节，从而让人们更好地与视频产生互动。”在经历了一系列的试错与修正后，2005 年 2 月，YouTube 视频网站正式上线。

另外，还有一人功不可没，就是赫利的弟弟布伦特。拥有金融和哲学双学位的布伦特大学毕业后，也怀着创业梦想来到硅谷。2005 年 8 月，他成为 YouTube 团队的第一位全职雇员，担任财务兼运营总监，并为 YouTube 找到了第一笔天使投资——来自红杉资本的 350 万美元。此外，红杉资本还提供了孵化器空间，几位创始成员不用再挤在车库里干活了。

影响人们的休闲方式

之后几年中，YouTube 迅速发展壮大，逐渐成为美国乃至全球的免费视频图书馆。它以一种前所未有的方式影响了人们的休闲生活习惯，人们越来越习惯到网上“YouTube 一下”。对那些有才艺的人而言，YouTube 也提供了一举成名的机会。

分析者认为，YouTube 的成功有几点原因：一是找到了全世界的一个空白点，即能够简单分享视频的网站；二是有一个目标很清晰的团队，几位创始成员在 PayPal 都有过用户至上的产品设计经验，正如赫利所说，“PayPal 通过网络让支付变得简单可行，YouTube 可以对视频做同样的事，我们很清楚要做什么”；三是找到了正确的技术，让视频可以无缝链接到网页；四是没有像同类网站那样要求用户下载自己的播放软件，而是本着用户体验优先的原则，网站设计简洁易操作；五是没有被知识产权问题束缚。有人甚至认为，赫利在版权问题上采取了自由放任的态度。赫利曾公开表示：“版权问题是在所难免的，我们更期待上传视频的用户能自觉些。”结果，YouTube 不可避免地遭遇了版权诉讼，最后不得不开发了一种能自动检测版权的工具。外界认为，这也是赫利把 YouTube 卖给谷歌的一个重要原因。

2006 年 10 月，谷歌以价值 16.5 亿美元的股票收购了 YouTube，赫利获得了价值 3.456 亿美元的谷歌股票。对于这次收购，赫利对《环球人物》记者坦言："当时没有更好的选择，YouTube 需要更多的人、更多的资金，另外它对传统媒体构成了挑战，许多人不想看到我们成功，这的确是个难题。有了谷歌的强大支持，产品的档次也会提高，我相信谷歌能把它照管得很好。"

同年 11 月，美国《时代》杂志评选年度最佳发明，YouTube 当选冠军。目前，YouTube 每日在线观看视频的用户已突破 1 亿人次，日上传视频文件的数量超过 7 万份。

独创新产品

YouTube 被收购后，几位创始人都开始了新的生活。布伦特去哈佛大学读 MBA；卡林姆于 2008 年成立了一个投资公司，专门帮助大学生创业；赫利和陈士骏在 2011 年一起成立了 Avos 创业孵化器公司。但在 2014 年夏天，这两位曾一起工作了 15 年的伙伴，因为对 Avos 未来方向的定位不同而分道扬镳。之前一起接受采访时，陈士骏坦言："查德专注于开发社交视频 MixBit 应用软件，他一直想把 Avos 变为 MixBit，但我对其他项目更感兴趣。"陈士骏离开后，赫利果然把 Avos 变成了 MixBit。不过两人依旧是好朋友，赫利笑言："我们在硅谷住得很近，还经常一起玩。前几天散步时，我路过他家门口，还给他发短信，可惜他没在。"

2013 年夏天，MixBit 网站和手机客户端应用上线了。赫利告诉记者："成立 MixBit 的初衷是因为人们的手机里存有很多照片、视频，但只是自己看，我一直想开发一种有自动剪辑功能的产品，不需要借助专门的剪辑软件，就能让手机里的这些素材更有意义。"MixBit 的功能不再是单纯的视频上传和分享，而是一个注重编辑和再创作的视频平台，人们可以充分发挥自己的创作才能，而不用担心侵犯版权。

尽管 MixBit 现在还未盈利，但赫利很自信："我并不担心这个，我担心的是能否赢得更多的用户。一个产品最核心的价值是用户很喜欢，并且每天都有用它的习惯。"当记者问起将来是否有计划把 MixBit 卖给风投，自己再开创其他产品时，赫利说正是，"这就是互联网企业的思路，不用担心赚钱，因为其他人会解决好钱的问题"。

（撰文：宋元元）

阿普尔瓦·梅塔

替人打酱油的公司：赚懒人的钱

人物简介：

阿普尔瓦·梅塔，1986年生于美国，曾在亚马逊公司任职。2012年创办的超市代购公司即时购物车，2014年被《福布斯》杂志评为“最具潜力公司”。

劳累了一天之后，一想到还要去拥挤的超市里购买食材，再大包小包地拎回家，许多人就会发怵。在美国的一些城市里，人们却可以省去这一烦恼：只需要下载一个手机应用，通过它在经常光顾的店里选中商品，就会有人在1个小时内把它们送上门。

最近，提供这种服务的公司即时购物车（Instacart）在《福布斯》杂志评选的“最具潜力的公司”中名列榜首。这家由阿普尔瓦·梅塔在2012年6月创办的公司，被硅谷风投追捧，三轮融资已经筹到近3亿美元，目前公司的估值超过20亿美元。

整合别人的资源赚自己的钱

即时购物车的运作模式是这样的：顾客通过手机应用下单，穿着统一绿色T恤的公司代购员通过手机应用接单，替顾客到商店采购商品，并在指定时间内（最短1个小时）送货上门。他们用自己的交通工具送货，每单收取一定的费用。

代购员的手机应用可以显示每家店铺的地图、里面每件商品的位置。它还能设计出挑选这些商品的最佳路线，计算出每家商铺一天之内不同时段的结账时间，并在综合考虑交通情况、天气以及附近是否有停车场等因素的基础上算出送货时间。“我们看上去是在做零售快递，其实开发软件才是最重要的。”梅塔这样定义他们正在做的事情。

这种在线超市网站并不少，但其他公司并没有摆脱传统的网店模式。例如亚马逊生鲜（AmazonFresh）就有大量的仓库、分销中心网络和送货车队。顾客可以从目录中订购商品，还能从指定的餐厅订餐，但必须提前几个小时下订单。这种模式其实是传统零售业向网络零售业的延伸。

与之相比，即时购物车则是一种全新的零售形式。梅塔把公司代购员看作“独立承包商”，通过分享他们的闲暇时间来赚取酬劳。能够灵活安排自己时间的大学生和中年家庭主妇，是代购员的主要来源。公司没有仓库和专门的车队，不过是将现成的零售元素通过手机应用联系到了一起：超市、兼职的代购员和他们的交通工具。

目前，即时购物车已经与全食（Whole Foods）、西夫韦（Safeway）、好市多（Costco）等多家大型零售商店建立了合作关系。由于它能够帮助实体店扩大顾客群，与亚马逊生鲜这样的网店巨头抗衡，许多零售商十分欢迎即时购物车。一些商店还专门为它的代购员开辟了迅捷的结账通道，提高了采购效率。像出租车行业的优步（Uber）、租房市场的空中食宿（Airbnb）一样，即时购物车在“分享经济”领域脱颖而出，在代客购物这一新兴零售市场占得了先机。

“创业应着眼于解决实际问题”

即时购物车并不是梅塔第一次创业。29 岁的他从加拿大滑铁卢大学毕业后，曾在亚马逊工作两年。2010 年，他辞职后搬到旧金山，开始自己创业。他先后尝试了二十多个创意，但都没有成功。他最后一个失败的案例是创办一家专门面向律师的社交网站。“我筹到了钱，组建了团队，却发现网站办不下去。其实我对律师行业并不熟悉，他们不喜欢技术，更不喜欢分享。这个教训告诉我，不应该为了开公司而开公司，而是要解决大家真正关心的问题。”

梅塔关心的问题是购物。“我是个懒人，冰箱里永远缺东西，却没动力去商店。”他发现在旧金山，人们通常用任务外包网站请人替自己跑腿购物，但它们不是专业零售网站。专业零售网站往往很慢，需要顾客提前几个小时下单，很不方便。于是，梅塔决定自己成立一家超市代购公司。

梅塔利用自己掌握的编程技术设计了一个手机应用。2012 年 6 月 2 日，他用这个应用下了第一张订单，然后来到杂货店挑选商品，再将商品送到公寓，借此亲自实践了所有环节。日后他曾开玩笑说：“从第一天起，即时购物车就是赢利的。”

为了迅速发展，梅塔意识到，即时购物车一定要得到风投的支持。他想到了硅谷著名的创业孵化器 Y Combinator（YC）。但这时，YC 最近一轮融资申请的截止日期已经过去两个月了。梅塔找到一位 YC 合伙人，用手机下了订单，给他送去一箱啤酒。几分钟后，迷惑不解的合伙人打来电话，梅塔趁机向他介绍了即时购物车的商业模式。“第二天，他让我来 YC 与其他合伙人见面。即时购物车就这样成功进入了 YC！”

2012 年 10 月，梅塔从 YC 得到了 230 万美元的种子基金。2013 年夏天，经过三轮融资，他从著名风险投资基金红杉资本那里筹到了近 3 亿美元。公司的销售额也实现了 1000% 的增长，在 2014 年达到 1 亿美元。目前，即时购物车的服务已经覆盖美国 15 个城市，代购员超过 4000 人。

目标是“下一个亚马逊”

分析家表示，即时购物车迅速发展的原因是选中了好时机：“拼车、餐厅外卖快递以及在线购物等已经改变了消费者的购物体验，为‘即时满足’做好了铺垫。手机通讯的发展使应用功能越来越强大，为即时购物车提供了技术准备。”

以往，每个美国家庭平均每周要花 5 个小时购买食品日杂，现在只要花几分钟就可以了。一位即时购物车的忠实“粉丝”说：“我已经厌倦了堵在路上或者和别人争停车位的购物体验，我有好几个月没进过商店门了。”

梅塔认为，将所有零售生态搬到线上是可能的。未来他还将进军其他领域，如药店等。他的目标是将公司打造成“下一个亚马逊”。

梅塔给创业者的建议是“动机越纯粹越好”，“要想清楚，你究竟是为了赚钱，还是改变世界？你得有清晰的动机，知道为什么做这件事。这样才能专注地去做”。

（撰文：高峰）

帕克・康拉德

美国明星创业者：人力资源管理专家 Zenefits

人物简介：

帕克·康拉德，1980 年生于美国纽约，哈佛大学化学专业毕业，2013 年创办人力资源管理网站 Zenefits，获评《福布斯》杂志“2014 最热初创公司”。

可能你从未听说过 Zenefits 的名字。这家创立不到两年的公司，成为 2014 年估值增长最快的初创企业。在多数人看来发展空间不大的人力资源管理产业，正在被它一步步颠覆。

解决医保问题的黑马

Zenefits 是一家帮助中小企业管理薪酬、医保、社保等问题的公司。继 2014 年 1 月在 A 轮融资中募集 1700 万美元后，它在同年 8 月的 B 轮融资中又募集了 6100 万美元，估值超过 6.5 亿美元，夺得《福布斯》杂志“2014 最热初创公司”榜单的冠军头衔。

在美国，中小企业普遍会雇佣保险经纪人来帮员工购买医疗保险，通常要耗时数个星期。人力资源负责人要联系经纪商报价，亲自管理烦琐的登记流程，往往需要为每名员工整理一大摞厚厚的纸质材料。一旦员工的福利计划发生变动，还需要把全套更改材料传真回保险经纪公司。

Zenefits 的诞生，就是希望将这个耗时数周、极其烦琐的流程转化为短短几分钟——所有步骤在办公室通过网页就能够解决。招聘新员工后，企业只需要登录 Zenefits 网站，为新员工创建档案，填好其个人信息及薪酬，Zenefits 就能将其永久保存在云端，并帮助企业管理员工的保险等事宜。如果有员工的信息发生变化，只需要在网站更新即可，避免了烦琐的流程。

这一服务看起来并不新颖，Zenefits 为何能发展得如此迅速？这得益于其完全免费。Zenefits 的人力资源管理服务不收取任何费用，只在企业通过网站购买医疗保险时，向保险公司收取佣金。这对企业来说十分诱人——以前，企业每年要为每位员工向保险经纪支付数千美元服务费。

Zenefits 的另一个成功因素是奥巴马医改，法案规定，从 2014 年起，所有美国人都必须购买医保，雇主必须为雇员提供保险。这强制性地把医保覆盖到全美 3200 多万没有医保的人，带来了巨大的市场空间。

这些机遇让这家由帕克·康拉德创办的企业，在短短的一年多时间里成为加州最顶尖的数字化医疗保险企业服务公司之一。自 2013 年 5 月上线至今，Zenefits 的客户已有 2000 家企业的 5 万名雇员，遍布美国 47 个州。如此大的基数，让 Zenefits 即使免费也能赚取巨额佣金。一年里，Zenefits 用户增长率超过了 1600%，营收增长了 2000%。

公司扩张的步伐也在加快：员工数量由 2014 年初的 15 人增至目前的 470 人，包括加州总部的 340 人和亚利桑那州办事处的 130 人。而且 Zenefits 计划在未来 3 年中，将亚利桑那州的员工队伍扩充到 1300 人。

被癌症改变的人生

康拉德并非人力资源出身。这个从小在纽约长大的小伙子直到 1998 年才真正地看到纽约以外的世界——那一年，他被哈佛大学化学专业录取。

事实上，康拉德并不想与化学发生太多联系，他最初的爱好是文学。他在学校担任《深红哈佛报》主编，每周都要花 70 个小时投入到报纸的运作中。因为无暇顾及专业课程，康拉德不得不休学一年，专心做自己的报纸工作。然而这一年让他醒悟过来——自己并不想当下一个海明威，“报社的每个人都有着宏远的文学目标，想写下传奇的美国梦，但我不是”。

之后，康拉德重回哈佛学习专业课程，并于 2003 年毕业，之后在旧金山一家生物科技公司担任产品经理。这时命运跟他开了一个并不有趣的玩笑：在刚刚毕业走向社会的节点，他被诊断出患有睾丸癌。

经过 6 个月的治疗，康拉德完全康复了。这次劫后余生让他开始认真反省：处在人生最好年华的他，忙于追求梦想、享受生活，却忽视了健康，“一旦你经历了类似癌症这样的事情，你会非常关注自己的健康，也会开始思考医保的机制，”康拉德说，“那是患病之前的我不会关注的事情。”

2006年，康拉德决定离开老东家，与曾经的大学室友麦克·沙合伙创业，开了一家金融服务公司。创业伊始，康拉德负责人力资源管理。他很快发现，这项工作实在是太花费时间了，任何一个员工被聘用、被解雇、结婚、生子或是更换居住地址，他都要在 12 个不同的系统上进行更新。

“我被这些工作烦透了，之后我想，如果能将所有的系统整合在一起，只要更新一次就够了。这样，人力资源管理就能从无休止的表格中解脱出来，把关注点转向员工本身。”在这个想法的驱使下，Zenefits 诞生了。它的名称是“禅”（Zen）和“利益”（Benefit）两个词的组合，表达了康拉德的创业目标：让与员工利益打交道的过程变得容易、简单，并富有禅意。

监管是最大问题

与同样登上“2014 最热初创公司”榜单的优步（Uber）相比，Zenefits 的规模还不能算大，不过它与优步面临着相似的问题——监管。为了预防不正当竞争，美国很多州的法规都禁止经纪人向顾客提供回扣。而 Zenefits 免费服务的模式，在一些地方看来就是变相的回扣。犹他州就将 Zenefits 的免费服务视为违规操作，并可能对其处以 10 万美元的罚款，同时要求这家公司对其人力资源服务收取“公平市价”。

为 Zenefits 带来机会的奥巴马医改法案，也将为其带来挑战。根据法案条款，保险公司提供的佣金很可能会出现下降，Zenefits 赖以生存的收入将受到威胁。但康拉德仍然乐观："即使佣金下调，只要用户数量保持增长，我们的收入仍然稳定。"

要赢得用户，就意味着 Zenefits 必须提供更多的免费服务，这也是康拉德始终在思考的。他透露，Zenefits 正在酝酿推出偏财务的服务，如报销交通费和通讯费等。"我们离成功还很远，我希望我们现在做的事能在未来对世界产生影响。"康拉德说。

（撰文：姜琨）

乔琬珊

哈佛女孩：把藏区牦牛绒带向世界

人物简介：

乔琬珊，1982 年生于美国，7 岁时跟随父亲到台湾，毕业于哈佛大学肯尼迪管理学院。2006 年创办 SHOKAY 公司，2012 年入选福布斯中国 30 位 30 岁以下创业者。

“大家知道牦牛绒吗？有多少人买过牦牛绒制品？”这个在国际市场上卖力推荐牦牛绒的女孩，就是SHOKAY公司的创始人乔琬珊。她不是来自藏区，也没学过纺织，却打造出了世界第一家牦牛绒创意品牌。

同时，SHOKAY还是一家社会企业，通过它，几千户牧民的生活得以改善。乔琬珊希望，“用创新的商业模式，系统、长远地对社会产生影响力，解决社会问题”。

发现牦牛绒的价值

2006年乔琬珊在哈佛读书时，就有了创办社会企业的念头。当时，她接触到了不少社会企业的成功案例，有印度的、美洲的、非洲的，就是没有中国的。

于是，那年的最后一个学期，乔琬珊决定和同学去中国调研。可中国那么大，该去哪儿？“当时我们开玩笑说，把中国地图贴在宿舍墙上，投飞镖，射中哪里算哪里。”经过一番讨论后，她们选择了中国西部，“因为那里有充沛的资源、丰富的物产，却没有与市场很好接轨”。

在这次社会调研中，乔琬珊看到牧民生活的贫困，有些人家都没通电。她也第一次见到了牧民们生活的主要依靠——牦牛。“牦牛是牧民的生命，每家都养了三四十头。牦牛奶可以制成奶制品，牦牛的粗毛可以做帐篷，牦牛绒可以做衣服。”从那时起，她就打起了牦牛绒的主意。

之后，乔琬珊看到一份联合国报告，说牦牛绒的品质可比羊绒，可市场上为什么没有牦牛绒纺织品？她继续寻找答案。原来，与羊绒相比，牦牛绒纤维比较短，不易编织，颜色也多为棕色，不好染色。而且，中国的纺织企业缺乏创新。“世界上 80% 的牦牛都在中国，国外的顶级设计师根本不知道牦牛绒这种材质。”乔琬珊说。

这些零散的信息，让乔琬珊有了初步的创业构想——开发高品质的牦牛绒纺织品，以提高牧民的生活水平。回到美国后，她把这个构想写成商业计划书，参加了当年哈佛大学的创业大赛，一举获得社会公益组的冠军。用比赛赢得的 5 万美金，乔琬珊和同伴在上海创办了 SHOKAY，这个名字在藏语中正是牦牛绒的意思。

创业者都是发明家

计划书做得再好，实施时也会出现各种问题。乔琬珊说：“创业者就是个发明家，每走一步都像在探险。”

朝着梦想的方向，这个哈佛姑娘又一次扎到了藏区。她先要解决原料问题——收牦牛绒，可她走了很多地方，也没找到卖牦牛绒的市场。后来，到了青海黑马河乡，她实在走不动了，就在市场上大声喊：“这里谁卖牦牛绒，我要收！”结果，乌泱乌泱围上来好多人，都说家里有。“我以为他们有一袋两袋，可我跟着一个人去他家院子一看，满满一院子都是牦牛毛。”乔琬珊说，当时牧民们不懂得如何分辨和梳理出牦牛身上最细软的绒毛，家里堆着的都是品质粗糙的牦牛毛。

那一次，乔琬珊收了不少牦牛毛，但这堆黑乎乎的东西到底能做成什么呢？由于资金压力，她不可能建工厂，只能借助外力。于是，这个没学过纺织的姑娘，又跑到工厂，希望说服老板帮他们做牦牛绒纺织品。老板跟她一聊，立刻看出她是个外行，自然没了下文。乔琬珊回去恶补了知识再找工厂谈，老板觉得这姑娘是个行家，悄悄问："你是牦牛间谍吗？"说起这件事，乔琬珊至今都觉得好笑，但其实这个过程并不容易。"我必须说服工厂老板牦牛绒是有市场前景的，因为机器一旦上了牛绒，再想做羊绒，清洗起来特别费事。"

开始 SHOKAY 主要生产纱线，销往美国市场。但在这过程中，乔琬珊发现将时尚、设计融进来，做成衣服，才更有市场。于是，在不断探索中，SHOKAY 有了清晰的产业模式——从黑马河的牧民手中收购来牦牛绒，交给工厂清洗、染色，制成纱线，然后由上海崇明岛的农村妇女组成的编织小组，按照设计师设计的款式，手工制作出成品。如今，SHOKAY 在上海有专卖店，产品在全世界超过 100 家商场有售。

在这条产业链中，黑马河的牧民和崇明岛的妇女无疑是最大的受益者。如果从追逐利益最大化的角度，SHOKAY 完全可以避开源头，从生产厂家购买材料；SHOKAY 也可以省掉手工编织的环节，直接交给工厂。但乔琬珊没有这么做，这就是社会企业的不同之处。

此外，SHOKAY 每年还会拿出部分盈余，回馈当地牧民，教他们如何梳理出更好的牦牛绒。乔琬珊说，她要做的事，就是在保留当地牧民生活习惯的前提下，提高他们的生活水平，培育出牦牛绒市场。

讲好品牌故事

2012 年，乔琬珊入选了福布斯中国 30 位 30 岁以下创业者。收获了许多赞誉，质疑声也接踵而来。"企业家会说，你的模式很特别，但能赚钱吗？慈善组织会说，你们做的公益还不够。"乔琬珊说，尽管她不停地解释 SHOKAY 是一家社会企业。还是有人会问社会企业是什么？牦牛绒是什么？她发现，培育市场不是个简单的过程。

她开始思考如何讲好 SHOKAY 的品牌故事。"不能一说 SHOKAY，就是一个哈佛女孩创办了一个社会企业，那是我个人的故事，不是品牌的故事。消费者认可我们的公益行为是一时的，喜欢我们这个品牌才是长久的。”于是2014年，SHOKAY开展了一个驻村艺术家项目，传播品牌文化。

品牌影响力有了，但SHOKAY的盈利能力还不够理想。虽然在2012年已经达到了盈亏平衡，但如何继续成长扩大，是乔琬珊要解决的一大问题。“有人问我，为什么做这样的企业？因为我曾经得到很多，所以我想给予更多。或许有人说我现在没权、没钱、没经验，但改变都是从很小的事开始的，比如帮人家去提个水。”

（撰文：刘雅婷）

胡启朝

胡启朝：用博士论文创业

人物简介：

胡启朝，1985年生，2007年毕业于美国麻省理工学院（MIT）物理系，2012年获哈佛大学应用物理系博士学位。读博士期间创立麻省固体能源公司，在电池研发领域突破了传统瓶颈。

如果要用专业术语解释胡启朝和他的团队在做什么，需要很长时间，比如什么叫作“无负极”电池，它与传统锂离子电池有什么区别。最简单的办法是把现在通用的智能手机电池和“无负极”手机电池放到一起，后者比前者小一半，而储存的电量是一样的，或者说，在同样的体积下，后者的容量是前者的两倍，而成本是前者的 80%。

胡启朝希望，这种高能量密度电池能在不久的将来应用于智能手机、电动汽车、无人机等领域，为人们的生活提供最大限度的动力，这是他从学生时代开始的梦想。

梦想

胡启朝 12 岁时随父母去了美国。高中时期他就对物理非常感兴趣，2003 年进入麻省理工学院。在麻省理工、哈佛、斯坦福这样的高校，理工科学生普遍具有很强的创业精神。从学校、政府到企业，整个社会都在为学生创业提供积极支持。

胡启朝后来到哈佛大学应用物理系攻读博士学位，那时，开发清洁能源、解决环境问题正在成为全球潮流，研发太阳能电池、锂电池和电动汽车成了最热门的创业方向。于是，胡启朝将博士论文定为电动汽车锂离子电池研究。“我首先加入了一位哈佛教授的研究组，他是一位杰出的年轻教授，但他过于学术化，对一些更有实际应用价值的技术研发和产业化不感兴趣。”由于目标不一致，胡启朝很快被这个组“炒”了。接下来，他在保留哈佛博士生身份的前提下回到了麻省理工，加入了另一个太阳能电池研究组。导师也和前一位教授有同样的问题，胡启朝这一次主动选择了离开。

“我参加了很多俱乐部活动，被创业成功的师兄们深深吸引和激励。”其中最激励他的是A123公司，2001年创立于麻省理工，不到10年便成为全球性的开发和生产锂离子电池和能量存储系统的公司。

2009年，胡启朝加入了麻省理工著名教授唐纳德·萨多韦的研究组。“萨多韦不在乎发表文章和基础科研，更在乎做一些能影响世界的技术。”胡启朝说。萨多韦从20世纪90年代末一直在研究新一代电池材料的固态电解质，它比传统锂离子电池有更高的能量密度和更好的安全性能，但一直受到材料方面的限制，只能在高温下使用。胡启朝经过3年的努力，解决了电池室温下运行的问题，并保留了高能量密度和良好安全性能的优点。

起落

2011年底，胡启朝与合伙人一起创立了固体能源公司（Solid Energy）。2012年上半年，胡启朝参加了很多商业计划比赛，赢得了美国能源部颁发的清洁能源奖，以及全美清洁能源商业计划比赛的亚军。同年，胡启朝还被福布斯杂志评选为全球30位30岁以下杰出科学家之一。

似乎一切都进行得很顺利，直到2012年10月，曾经激励胡启朝的A123公司申请破产保护，紧接着，几家电池企业先后破产，整个美国锂离子电池行业陷入低谷。

“投资商开始害怕电池公司。许多风投对我说：‘A123就是麻省理工出来的，它也破产了，我为什么要再投一家麻省理工的电池创业公司？’”几个月中，风投的拒信不停地来。“我非常失望，以为创业刚开始就结束了。”

胡启朝决定去夏威夷度假。学冲浪时，教练对他说：“冲小浪是看你在一切顺利时如何表现，冲大浪是看你在一切不顺利时如何表现。”于是他对公司重新燃起了希望。

2012年的冬天，胡启朝来到破产保护中的A123公司，结果发现那里有很多没事干的员工和没人用的设备。“我向他们介绍了我的新技术和想法，他们非常感兴趣，愿意帮助我，这至少比坐在办公室里看报纸有趣得多。”员工们教胡启朝使用设备，用他带去的新材料做电池样品。同时，胡启朝得到了麻省清洁能源部的一笔种子资金，“我主要用它买材料，剩下的填饱肚子”。

突破

当2013年的春天到来时，A123也正式从破产中走出，完成了重组，业务重新恢复。当时只有胡启朝一个人的固体能源公司和A123签了合同，把双方的合作正式化，并搬到了A123的办公室。之后，电池行业回暖，胡启朝也成功获得了A轮融资。

“大多数电池创业公司需要半年到一年的时间来建立实验室、买设备。因为A123一切都是现成的，我们节约了很多资金和时间。搬进A123一星期后我们就开始做试验。此外，A123有很多有经验的工程师，在他们的帮助下，我们少走了很多弯路。”

一年后，成果开始出现。2014年10月，固体能源公司对外宣布电池样品达到1337Wh/L电芯能量密度，在电池行业，这是世界最高的能量密度。目前，固体能源公司与包括苹果、三星在内的几家手机公司签订了合作和共同开发协议，并计划在2015年秋季推出消费类电子产品电池材料，2016年秋季推出电动汽车电池材料。

现在，公司研发团队的成员共有12名，实验室的工作几乎是夜以继日地进行着。胡启朝说：“我们的梦想是给人们的生活提供动力，不管是与亲人手机联系，还是与家人驾驶着电动汽车旅游。”

（撰文：尹洁）

黄翔

黄翔：做小微企业的法律管家

人物简介：

黄翔，1982年生，福建人，2004年毕业于中国政法大学，2015年创立法大大法律服务平台。

黄翔在传统的律师行业干了10多年，“越来越不安分”，近几年随着创业热潮的袭来，他也加入了创业大军。

不过，由于法律的专业性和高门槛，一直让黄翔觉得伸不开拳脚。经过几次尝试后，他总算找到了这个“高冷”行业的切口——用互联网做法律服务。2015年初，他与好友创立了法大大法律服务平台。目前，该平台已与多家互联网金融机构展开合作。

有想法就一头扎进去

黄翔毕业于中国政法大学，称得上是科班出身。不过，他进入这行有些误打误撞。“当初考大学不知怎么鬼使神差地报了法律系。好在大学期间我认真读了点书，一毕业就进律师事务所当了助理，两年后成了律师。”

虽然做了律师，但黄翔却不想整天泡在案子里。“我是福建人，我们老家经商的比较多，我大学时还倒腾过体育用品。”工作几年后，他便和朋友一起开了律师事务所。“创业不是件容易的事，但我就没安分过。”“不安分才有创业的冲动？”记者问。他说：“内心总有冲动吧，有想法就会一头扎进去。”

凭着这股劲头，黄翔不断尝试和探索。2010年，他参与到B2C平台的创业中，把法律服务做成产品搬上了互联网。服务内容包括法律咨询、合同审议、律师聘请等，但市场反应平平。黄翔认为不成功的原因有两个：

第一，有一定规模的企业都会聘请法律顾问，不会在网上寻找法律服务；而小企业则法律意识淡薄，不出问题不愿意在这上面花钱。第二，法律服务的价格体系不透明。同样一件事，直接找律师可能花 5 万元，网上找的也许只给 5000 元，但这两种服务是否等同没法衡量。不像一些快销产品，线下线上都有个基本的价格体系。

这条路行不通，黄翔又开始找其他机会。他想从行业的问题中挖掘商机。

从问题中找机会

之前，黄翔做法律顾问时常听老板抱怨，他们飞来飞去就是为在合同上签个字。一次，他给一家零部件生产商做代理律师，跟采购方打官司追讨账款。可生产商却找不到当时双方签的合同。为了这份证据，公司上下找了好久，案子也延了两个月。

黄翔说："企业在日常经营中，会涉及各种合同，这是法律工作的重要一环。但在这个过程中常出现问题，比如流程复杂、耗时长、跨地域、合同保管费力等。"这时，他看到美国有家创新公司，能帮助用户在网上迅速获取具有法律效力的电子签名，点击鼠标就能签合同。既解决了地域局限，也简化了签署流程。黄翔很受启发，"或许我们也能效仿，解决这些合同难题"。

经过近一年的筹备后，黄翔决定从电子签名和电子合同入手，做在线法律管家。2015 年初，法大大正式上线了。电子签名服务，是指用户登录其网站后，经实名认证可获得一个与身份相绑定的数字签名证书。"这个就像我们登录网上银行经常使用的 U 盾，里面有你的身份信息，这就是一个签名证书。在签合同时，用户只需将电子签名拖拽到合同上的指定位置，合同就签完了。"电子合同主要是提供托管服务。双方在法大大平台完成电子签名后，合同将自动发到用户邮箱，同时在其云端备份。“简单地讲，法大大平台有点像支付宝，只不过支付宝提供的是第三方现金流管理服务，而法大大提供的是第三方合规文件的流动与存储平台。”黄翔说。

当然，在线下双方履行合同过程中，平台还可提供律师咨询等服务。黄翔说，下一步他们将致力于发展O2O平台，把线下咨询服务逐渐叠加起来。

在黄翔的规划里，最初的目标是小微企业。“创业热潮兴起，需要法律服务的小微企业多了，这是我们的机会。”不过，他发现个人用户也是蓝海。“成为我们的会员后，你的劳动合同、房屋买卖合同等都可以在平台备份，随时调出使用。原来行业内相关服务很少，现在互联网给了我们很大的空间。”黄翔说这话时很有底气。

细分市场是关键

《环球人物》：用“互联网+”来改变传统的法律行业，难点在哪儿？

黄翔：传统行业的生态系统，想用新的服务形式、服务内容来颠覆不容易。尤其法律服务的专业性很强，做这种垂直领域的互联网项目，需要扎实的行业背景，才能把行业里的问题和优势梳理、整合好。越是细分的领域进入门槛越高，所以我们的团队很强调专业性，用了很多专业人才。

《环球人物》：法律服务的内容很多，为什么会选择从电子签名和电子合同入手？

黄翔：我们花了很长时间与互联网的专业人士交流，思考这些新的生态里哪个点更需要法律服务？怎样的形式才会被接纳？最终，我们找到了电子签名、电子合同这个切入口。虽然，互联网在消费与生活方式上带给我们很多改变，但其商业和服务本质是不变的。所以，不要为了做互联网而做互联网，应该立足于自己的领域。

《环球人物》：找到细分市场是成功关键？

黄翔：肯定是。“互联网 +”创业越来越细化，做“互联网 +”创业可以专注于电子合同、商标注册等各种细分市场。

《环球人物》：你对未来有什么期待？

黄翔：在互联网野蛮生长的年代，很多创新是踩着红线的。互联网虽重构了商业生态，但还需合规的环境，交易主体的权益需要法律保障。我们希望从电子签名和电子合同切入，围绕“守护互联网时代的契约精神”做相关业务，比如与国内知名保险公司研发法律保险等，将来会在这方面尝试。

（撰文：毛予菲）

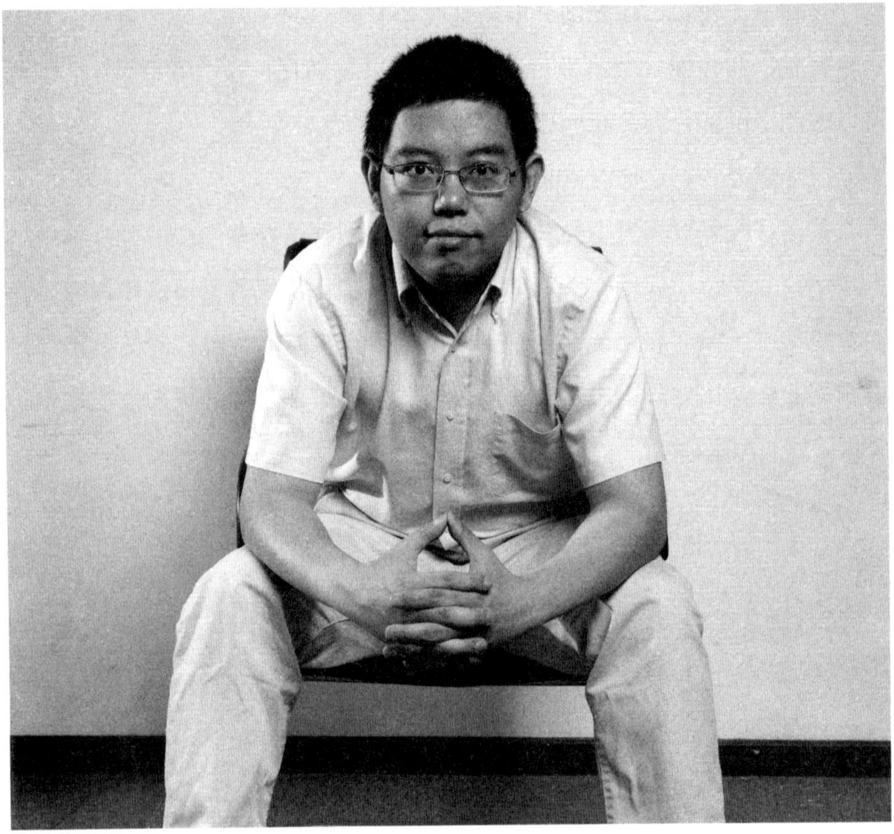

王野

王野：造老百姓买得起的平衡车

人物简介：

王野，1980年生，2006年硕士毕业于北京航空航天大学；纳恩博科技有限公司联合创始人兼总裁；获“2014年中国商业创新50人”奖。

像库克那样在苹果新产品发布会上推介各种功能，王野觉得这种角色更适合搭档高禄峰，而不是自己。他俩在大学校园里相识，一起建网站，毕业后各自创业，近 10 年后再次成为合伙人。“禄峰是 CEO，负责前端的运营、销售、宣传、战略融资；我是总裁，负责后端的研发、生产、制造、产品认证和测试。”2013 年，两人联合创建纳恩博科技有限公司，2015 年 4 月就收购了全球平衡车鼻祖赛格威。这是一个厚积薄发的过程，要完整地讲述“九号机器人”（Ninebot）平衡车的前世今生，必须从 2005 年说起，王野就是那个种下种子的人。

地下室造出机器人

一个“拉仇恨”的事实是，王野的高考成绩在班里倒数，却还是考上了北航机电工程专业。他对飞机特别感兴趣，觉得“航空航天”这个名字“太牛了”。1999 年，王野认识了师兄高禄峰，一起建了个校内网。但从大二开始，王野迷上了机器人制造，后因参加科技竞赛拿了一等奖，他被保送到北航机器人研究所读硕士。“研究用于排雷、排爆、炸弹检测和危险品处置的警用机器人，就是美国电影《拆弹部队》里那种。”王野对《环球人物》记者说。

研三的时候，王野的成果被一家警用设备经销商看中，直接下了订单。“七八十万元，订了五六台排爆机器人，2005 年底交付。”跟导师商量之后，王野注册成立了博创兴盛机器人公司。

“我本来没想过创业。那时目标很明确，就是为了完成订单。”王野说。他拉起一支三五人的团队，在学校附近的民宅里租了一个30平方米左右的地下室，一半是工位，另一半是工作台和货架。

“孵化器我们租不起，每月一两千的房租太高了。不过，当时如果有大笔资金，团队也不会有那么高的斗志。”半年里，王野每天工作12～15小时，每月拿2000元工资。本来联想和IBM研究院都录用了他，月薪都在万元以上，但王野无法兼顾，都放弃了。“任何机会错过了都很可惜，你只能争取把自己选择的事情做好。完成订单就是我的选择。我觉得选择本身没有对错，选择之后的努力才是更重要的。”

不久，他们又接到一个订单，近100万元。整整一年，公司一切都是围绕这两个订单来的，最后都按时交付了。这两笔钱也成了创业初期的经营资金。2006年，公司销售额到了400万元；2007年是800万。

二次创业引进天使投资

“虽然警用机器人有市场，但用户相对固定，一些技术瓶颈也难以突破。2009年之后，我们的业务增速就开始放缓，2010年停留在1000多万，上不去了。我觉得继续做下去，5年之后还是这个样子。”王野开始寻找新的项目，并把目光投向了国内少人问津的平衡车。

“我骑过赛格威，感觉不错。但我知道它在中国基本卖不动，因为价格太高了。北京堵车很严重，自行车又容易被偷，平衡车可以进电梯、进房间，适用于短途交通。我就想做一个大家都买得起的产品。”

2001年问世的赛格威是平衡车鼻祖，2010年前全球几乎只有这一个品牌，它成了平衡车的代名词，但销售却始终一般。“它在美国零售价六七千美元，在中国涨到9万元，都可以买辆小汽车了。这就像把监听级别的音箱卖给普通人一样，性价比不足。还有，它的售后服务很糟糕，产品坏了只能返回原厂维修，全球才 3 个维修厂，要花三个月到半年时间，谁能忍受？所以赛格威始终没有流行起来。”王野说。

2010 年底，王野从公司盈利中拿了两三百万元，开始了二次创业。这次他在北京天通苑租了一套两三百平方米的民宅，用了半年时间做原型机，又花一年时间进行产品化，参考了赛格威的外形和功能，但技术全靠自己。2011 年底，资金已经花得差不多时，高禄峰来了。

“他毕业后在互联网领域办了好几个公司，那时刚把团购网站卖了，正找新项目，我们就又牵上线了。”2012 年初，高禄峰为他和王野的新公司引入了第一笔天使投资，当年公司的销售额就达到了 1000 万元左右。

融资收购赛格威

“我们想做老百姓都想买、也买得起的产品，首先就是控制成本。中国是原材料主产区，价格比美国低很多，研发成本也较低，产品售价能比赛格威低 50% 以上。”

但两三万元的单价还是太高。“因为第一代以商用为主，我们把尺寸、功率都做得比较大。高价格让平衡车成了时尚与财富的符号，这是我们很讨厌的。我们不想做成奢侈品，于是研发了更便宜、更轻巧的新一代产品，就是‘九号机器人’。2013 年，我们拿到了 1600 万元的 A 轮融资，当年 9 月新产品发布，之后就是一个比较快速的上升通道，持续到今天。”

“九号机器人”的售价是 1.49 万元，王野觉得还是不够亲民。“你觉得呢？多少钱你会买？”他问《环球人物》记者。得到“几千块钱”的回答后，他笑了：“我也觉得是几千块。让我们的男性顾客不用跟老婆汇报就可以掏钱买，才是我们的理想价格，所以我们还会不断出新产品。”

2014 年，纳恩博进入了 A 轮融资阶段。“我们拿到了 8000 万美元。

其中相当一部分都用来收购赛格威，这个品牌价值还是很大的。另外，它在这个领域有很多重要专利，我们要避免产生纠纷。收购之前，我们的国际业务已经占到公司营收的一半左右，合并后达到70%～80%。”

创业10年，王野的心态还是跟当初差不多。“不能因为想赚钱就去创业，这个是很扯的，我现在也这么认为。也不要因为创业热就去创业，而是确实有一个很好的机会摆在你面前，同时还有资源，我觉得创业就是这两方面的条件。”

王野说带着发财致富的目的创业无可厚非，但风险是很大的。“怎么才算创业成功？如果以上市圈钱为目标，成功的比例是非常小的。我自己定义的成功就是我们做的东西有很多人在用，而且喜欢用。我觉得这是最大的成功，其他的都是附带的。如果你做的事能帮助很多人，让他们舒服或喜欢，这是很牛、很有自豪感的事情。只要做到这一点，基本上就不用考虑钱的问题，钱会自己涌过来。”

（撰文：尹洁）

董鹏华

在中关村创业就要适应北京

人物简介：

董鹏华，美籍华人，生于台湾，毕业于美国纽约州立大学。2000 年在北京创立 Net Marketing 公司，2014 年创立欧思贝公司并担任 CEO。

董鹏华的公司欧思贝的新址在北京鼎好大厦19层，可俯瞰整个中关村。向西不远，就是眼下最火爆的中关村创业大街，不久前李克强总理刚在这里喝过咖啡。自从“全民创业，万众创新”的热潮席卷全国后，董鹏华就觉得好像所有人都在往互联网行业里涌，但人才的性价比却在往下跌。他对《环球人物》记者说：“现在招人是个很大的瓶颈，热钱大量涌入，程序员的招聘成本跟两年前相比将近翻了一番。一个有3年工作经验的IT技术人员，在北京的月薪一般1.3万元到1.7万元，折算成外币的话，跟东京的薪资水平差不多，只比美国少一点儿。”为了节省成本，董鹏华在缅甸设立了一个研发中心，“因为招人容易”。

先瞄准竞争对手少的项目

董鹏华来北京已经15年，一开口仍是温和的台湾口音。他在高雄出生，13岁移居美国，在纽约州长大，大学毕业于纽约州立大学水牛城分校。百度的李彦宏也是那里毕业的，曾与董鹏华的室友共过事。

“我的学校与日本的两所大学是姐妹校。因为我学了日本研究和市场营销两个专业，所以大四时就申请到日本交换留学。” 毕业后，他在日本一家贸易公司工作了3年多。回到美国后，他又在一家半导体设备公司干了3年，然后开始了创业之路。

“当时中国的人才成本低，我就把公司开到了北京。那会儿我们请得起清华学生，现在可请不起了。”董鹏华笑道。他本来想做一个电子产品比价网站，类似现在的“去哪儿”和阿里巴巴的“一淘”，但后来发现国内的市场环境不一样，“基本上是被两个巨头独揽的，没有什么比价的空间，最后没有做起来，反倒是帮人家开发系统赚了一些钱，所以我们后来就一直做外包了。现在的运营资金就是那时候攒下的”。

2013年，董鹏华发现中国市场已经变得很大。随着个人旅游业的兴起，他感觉“互联网+旅游”是一个很有前景的方向，于是开始研发一款旅游真人在线服务APP。

“当时市面上的旅游应用大部分都是自动化的，人工参与的很少。但机器无法解决所有问题。无论哪国人，出国旅游都会遇到一些问题，语言不通、地理不熟，这都可以通过人工在线服务解决。使用我们的软件可直接连人工服务，比如说我现在在东京的成田机场，不知道怎么去饭店，点击一下手机按钮，我们的日语客服就可以用中文提供帮助，还可以同声翻译日语。”

董鹏华觉得APP开发在技术上并不难，难的是如何得到关注，如何营销，如何在同质化竞争中脱颖而出。好在他开发的是全球第一款“旅游真人助手”，无论国内国外，竞争对手都很少。但慢慢地，他发现最大的问题是国内用户不愿付费。

转向“互联网+教育”

“国人对服务付费的概念比较淡薄。他们很愿意为购买产品付钱，所以电子商务很火。但对于我们这种提供服务而不是直接提供产品的行业，想收费就会很辛苦。互联网旅游服务往往不是靠服务本身赚钱，而是采取其他盈利模式，比如在终端推销旅游产品。因为付费意愿不高，我们在国内要赚取服务费是比较难的。”

从2014年开始，董鹏华把“互联网+旅游”的主力战场转向了国外，主要面向外国用户。而在国内，则开发了另一款APP，专门教外国人说中文，再过一两个月就会正式推出，他称之为“中文语伴”。

“技术架构和之前一样，客服也是同一批人。用户随时启动APP，在线会显示很多客服照片，用户点击自己感兴趣的客服，就可以进行中文口语对话。”这样做的好处是，他无须再花钱去订制一个新平台，只要重复利用现有平台和工作人员即可。由于目标用户不同，他又组建了一个教育背景的团队，以便了解市场需求。

“现在互联网教育很热，市场需求旺盛。我们计划先针对学中文的外国人推出服务，以后再面向学外语的中国人。这样收费就不是问题了。中国人口多，薄利多销的模式可以成立；还可以采取AB两条线，A服务本身不盈利，通过卖B产品赚钱；一些小型创业公司还可以把自己的客户卖给大公司。这些方式都是因为中国市场足够大，在国外则很难维持。”

“创业成功的只有十分之一”

在董鹏华看来，对于初创企业来说，北京目前已经没有人才价格的优势了。“现在的优势是群聚效应，找投资和合作伙伴都很方便。钱还在源源不断地涌进来，很多人转入这个行业。但是，市场虽然很大，能赚钱的依然是少数。”

两年来，董鹏华并没有特别积极地去融资，一是有资金基础，二是公司本身也在做投资。他把这种融资状态称为“介于天使轮与A轮之间”，但也够他维持四五年。

“如果有100家创业公司，最后能做大的大概只有两家，还有七八家会被并购，这也算是成功的；死掉的有八成，还有一成半死不活。基本上，成功的比例只有十分之一。”董鹏华对《环球人物》记者说，“我们刚刚进入第三年，目前还算处于做大的过程中，如果5年后还是现在这样的规模，就算是不死不活的了。”

从海外来中国创业的人很多，真正能扎下根的比例并不高。在中国创业生活了 15 年的董鹏华，依然有不太适应的地方。

“其实我西化得不严重，华人的传统有些是根深蒂固的。但我的思维方式受美国影响挺多。由于第一份工作在日本，日本文化中的责任感对我影响也很大。然后在中国这么多年，又对人性有了重新了解。”

15 年来，董鹏华发现外国企业很难真正进入中国市场。“对外国人而言，中国的市场规则太难驾驭了。除非你已经有产品或者其他特殊才能，否则很难占领一片天。老外习惯于黑或白，中国则有很大一部分灰色地带，而且中国人善于游走，老外完全不知道怎么走。外国企业有很高傲的地方，来中国玩不转。但我认为道理一样，在中关村创业就要适应北京。”

董鹏华觉得前些年已经习惯了北京，反倒是这几年，雾霾让他很不适应，“咳嗽得很厉害”。文化上，国内很多现象他还是看不习惯：“不排队啊，事不关己漠不关心啊。但其实人都是一样的，当你从小在这个环境中长大时，自然就会这样。”他现在最介意的就是环境和食品安全问题，因为没法躲避。“在国内跟做生意的人谈道德观有点缘木求鱼，反正市场这么大，被逮到，他们马上就能换个地方接着干。”

行政干预的问题他没有遇到过。“我们还没有做到那么大呢。”董鹏华笑着说，“其实每个国家和地区都会有问题，美国的税非常高，日本很多东西比较僵化，税也很高。但他们都照着规矩来，平等竞争。其实国内制定的标准是非常高的，但有办法的人能躲避掉。国内还是讲关系的多，美国和日本则没有这样的问题。”

（撰文：尹洁）

丹尼斯·科茨

“博彩女王”：在低调中彪悍

人物简介：

丹尼斯·科茨，1967年出生，毕业于英国谢菲尔德大学。2000年创立在线博彩网站Bet365，任联合首席执行官。2015年入选福布斯全球科技富豪榜。

你或许从未听说过丹尼斯·科茨这个名字，但你一定知道英超联赛的体育彩票有多么火爆，而她正是英国顶尖博彩网站 Bet365 的创始人。每年高达 120 亿英镑（1 英镑约合 9.8 元人民币）的投注所带来的高额利润，使 Bet365 迅速发展成一个庞大的商业帝国，“互联网 + 博彩”的高科技路线，也使科茨成为过去 10 年英国最成功的女富豪之一。不久前公布的福布斯 2015 全球科技富豪榜上，科茨以 25 亿美元（1 美元约合 6.4 元人民币）的净资产名列其中。作为科技企业领袖中为数不多的女性，她显得格外抢眼。

最爱卖彩票

英国小城特伦特河畔斯托克（简称斯托克），是英格兰地区的一个二级行政区，面积 93 平方公里，人口只有 24 万。这里生产的瓷器非常有名，号称英国瓷都。1967 年，科茨就出生在这里。与那些少年得志的天才相比，科茨的学生时代并没有什么突出成绩，值得一提的就是她曾以第一名的成绩拿到了谢菲尔德大学计量经济学的学士学位。

那时，科茨一家的生计来源与体育密不可分。她的父亲彼得在当地的足球场做餐饮生意，还开了一些彩票连锁店。学生时代的科茨不是在餐饮店里打下手，就是在彩票店里做收银员。她的兴趣点在于计算下注的结果，那些眼花缭乱的数字对她的数学头脑有着天然的吸引力。在外人看来，体育博彩业一向是由男性占据的领域，并不适合一个站柜台的女孩，但科茨并不在意。

“我真的很喜欢做这件事，”科茨回忆说，“大学毕业时我就想，自己可以经营一家彩票店。”但父亲显然认为她更适合从事技术而非管理工作。大学毕业后，科茨继续在家族企业中当会计，直到她感到“乏味”，父亲才给了她一个机会，把几处看来“很垃圾”的彩票连锁店交给她打理。科茨迫不及待地接受了挑战。

凭着对博彩业的热情和出色的计算能力，科茨很快就使这几家小店扭亏为盈。为了扩大规模，科茨从巴克莱银行贷了一大笔款，买下另一家彩票连锁企业，业务规模一下子增了一倍。1995 年，她被家族任命为博彩连锁业务总经理。

对雄心勃勃的科茨来说，仅仅改变几家彩票店的命运是远远不够的。事实上，早在父亲的店里打工时，她就开始关注逐渐兴起的博彩网站。随着新一轮科技革命的到来，她确信在线投注业务将是博彩业的未来。

“她一直不停地对我们说：这就是我们要做的事！这就是我们要做的事！”科茨的哥哥约翰回忆说，“直觉告诉她，体育博彩将会因互联网的兴起而产生变革。”

“赌”上一切建网站

2000 年初，科茨买下了 Bet365.com 这个域名。由于缺乏 IT 相关背景，科茨不断地被伦敦的风险投资家拒绝，结果一分钱也没能筹到。她不得不转而向父亲、家人以及苏格兰皇家银行寻求支持。

“这个行业需要巨额的启动资金。我们抵押了博彩连锁店，把所有资金都投入了在线互联网业务。为了实现目标，我们赌上了一切。”科茨说。最终，苏格兰皇家银行提供了 1500 万英镑的贷款。经过一年左右的准备，2001 年 3 月，科茨正式推出了 Bet365 博彩网站。

几乎在同一时间，那些博彩业巨头，如英国最负盛名的威廉希尔公司，也在进行初步的互联网尝试。然而，这些企业的领导者都没有像科茨一样坚定地跳进未知的水域，他们没有想到，Bet365 将在不久之后对他们构成强大的威胁。

为了吸引世界各地的玩家，科茨在网站页面上设置了丰富的投注项目，包括在线体育博彩、扑克游戏、宾果游戏等，还提供体育赛事视频服务。科茨极其重视网站的科技含量，因为这直接关系到用户体验，也关系到在线博彩能否胜过实体博彩。在科茨的倡导下，Bet365 采用最先进的网络技术，不断改进产品和服务。比如，通过新的数据传输技术，网站视频的数据延迟时间下降到两秒以内，这使得Bet365 能够提供持续不断的实时信息，同时接收和处理大量的客户数据。此外，Bet365 还提供 17 种语言服务，为客户提供全面的流媒体直播，用户可以免费观看重要体育赛事，并用网站提供的账户随时下注。

2005 年，科茨以 4000 万英镑的价格将彩票连锁店全部卖给英国著名博彩公司 Coral，还清了银行贷款。此后，她把全部精力都投入到 Bet365 网站。Bet365 开始以火箭般的速度发展，从名不见经传很快蹿升至与威廉希尔并驾齐驱，成为世界数一数二的博彩业巨无霸。2012 年的数据显示，Bet365 网站的年投注额为 122 亿英镑，年收入 6.46 亿英镑，年利润超过 1 亿英镑。2014 年，Bet365 销售收入达到了 16 亿美元。

目前，Bet365 在 200 多个国家拥有超过 1400 万客户，集团员工超过 2000 人。科茨与哥哥约翰联合担任首席执行官，但她拥有公司 50.2% 的股份。

用 24/7 精神创业

有英国媒体报道称，Bet365 这个名字就预示着科茨的成功：一年 365 天，天天有彩头。科茨对此付之一笑。她认为自己的生活是典型的“24/7”，即每天24小时、每周7天无休止地工作。

“你建立了一个24/7的企业，就得24/7地工作，”科茨说，“最初的日子里，我经常在半夜打电话。我比你们能想象的更加努力。直到最近几年，生活才恢复正常。”

很多博彩公司都在往海外发展，但Bet365的总部始终在斯托克小城，是当地最大的私人企业。“这个地方对我们来说意味着很多东西。我们一直在这里工作，在这里经营。只要可以，我永远不会把大部分时间花到国外去。”科茨说。

科茨不是一个感情用事的人，她极少在大型体育赛事期间预测结果。“我在这行不是参赛的，只是工作的。”

2013年，科茨被BBC评为英国100位最有影响力的女性之一。但她的曝光度与这个头衔并不相称。在经过各方大量的劝说后，科茨才第一次接受了报纸采访。但她拒绝谈论工作之外的爱好。“我的家庭对我非常重要”就是她所能透露的极限，甚至不肯谈论孩子的话题。

“我真的不喜欢被关注，”她这样解释，“暴露在公众面前让我觉得很不自在。我并不是一个害羞的人，事实上我一直都很彪悍，只是我更喜欢经营企业，我非常享受这一点。”科茨的这种专注也被世人所认可。2014年，科茨被授予大英帝国司令勋章。按照这样的发展势头，很难想象她还能长久地保持低调。

对于“站在博彩业顶端的女性”身份，科茨同样轻描淡写：“在这个问题上，我连一秒钟都没有想过。我只希望自己的企业获得成功，从来没有纠结于这个事实：我是一个女人。”

（撰文：肖遥）

2011 年，陈颂雄和妻子一起观看篮球比赛。

陈颂雄：玩资本的富豪医生

人物简介：

陈颂雄，1952 年生于南非，美籍华裔医生。曾登上《福布斯》全球亿万富豪榜，个人资产达 122 亿美元。

他身价122亿美元，靠公司的不断“拆分、重组，再拆分、再重组”积累财富。“他是个医学天才，他是个科学疯子，他是个商业奇才，还是天生的演说家。他是全世界最富有的医生——陈颂雄。”这是美国《福布斯》杂志对美籍华裔医生、企业家陈颂雄的评价。

2010年，陈颂雄以55亿美元跻身《福布斯》全球亿万富豪榜。到2015年，其个人资产已达122亿美元，成为世界最有钱的医生。当然，从普通医生到亿万富翁不可能通过一把手术刀来实现。陈颂雄拥有50多项医学专利，包括全球热销的治癌药Abraxane；他还创办了好几家制药公司，市值均达数十亿美元。如今，63岁的陈颂雄已成为全球医学界的造富神话。

种族隔离中走出的野心家

事实上，用“美籍华裔”来概括陈颂雄并不完整。二战期间，陈颂雄的父母为躲避战火，从广东老家移居南非约翰内斯堡，靠开杂货店维生。陈颂雄有9个兄弟姊妹，他排行老六。那时的南非还处在黑暗的种族隔离时期，亚裔被视为仅优于黑人的“下等”种族。在这种环境下长大，陈颂雄很小就经受了各种打磨。他不会抱怨，“乘车时不能和白人坐在一起，我一点不介意，这样正好有个安静的地方看书”，但对不公平待遇会毫不犹豫地抗争。一次，陈颂雄被白人警察盘问了半天，还要求“出示身份证”，他愤怒地问对方：“你的身份证呢？”结果，换来了3小时的羁押。

17 岁时，陈颂雄考入当地最好的医学院主攻胰腺癌。1975 年，他获得南非金山大学博士学位，并进入约翰内斯堡一家白人医院工作。作为那里唯一的非白人医生，陈颂雄只能领其他医生一半的薪水，还要遭受病人的不理解。一位患癌症的白人妇女得知医生是陈颂雄时，生气地说：“我绝对不允许一个黄种人碰我的身体！”主管医生看不下去，替他解围：“女士，要么就是陈医生为您看病，要么就请您离开。”后来，白人妇女的病情好转，还向朋友推荐说：“去找那个中国人，他看病看得好。”

1977 年，陈颂雄获得在加拿大英属哥伦比亚大学附属医院工作的机会。在这里他很快以高难度的手术和高水准的论文得到业内认可，同时也完成一件人生大事——与女友米歇尔·陈结婚。1980 年，陈颂雄转到美国加州大学洛杉矶分校医学院工作，主攻糖尿病治疗。

“当别的医学生开始接受医学训练时，你已参与过不计其数的手术，更别说你所处的社会环境之艰难。这在很多人看来都是不可能完成的。”当《财富》杂志记者这样问陈颂雄时，他说：“别和我说什么事不可能，你越说，我越要做出来给你看。”

从科研中嗅到商业价值

陈颂雄到美国没多久便名声大噪，但毁誉参半。他曾成功主刀美国西海岸第一例胰腺移植手术和全世界第一例胶囊胰岛移植手术。有人诟病陈颂雄做胶囊胰岛移植手术是“为出风头的华而不实的表演”，但他坚信自己的成果，并从中嗅到这些研究的商业价值。之后，陈颂雄辞了职，专注于糖尿病治疗的商业药物研究。在此过程中，他逐渐将重心转移到抗癌药物上。

1997 年，陈颂雄成立美国药物伙伴公司（APP），做医药中介生意，其利润用来支撑他另外两家公司的抗癌药品研发。当时市面上最有效的抗癌药物是紫衫桐，但副作用极强，必须配合大量辅助药物。陈颂雄认为自己可以研制出一种副作用更小、效果更佳的抗癌药。之后几年，他一边做研究，一边靠过人的商业思维和口才到处融资。他先是凭借尚未成型的药品研究，从日本福泽制药获得350万美元，后又从一家风险投资机构和银行等处获得250万美元。同时，他借助福泽制药的工厂和投资机构的客户资源，让APP公司不断壮大。

2005年，陈颂雄的商业之路全面开启。他研制的抗癌药物Abraxane获得美国食品药品监督总局批准，被证明对治疗乳腺癌有重大疗效。这一消息使APP公司股价猛增47%。之后他加快公司重组、并购步伐。2007年，他成立阿斯博纳制药公司，负责Abraxane的制造和销售。2008年，他将APP公司以65亿美元卖给德国一家制药集团。两年后，他又以30亿美元的价格将阿斯博纳卖给美国生物公司巨头新基药业。显然，这是笔划算的生意。因为Abraxane在市场上的良好表现，新基药业的股价其后飙升188%，陈颂雄也赚得盆满钵满。除了卖公司的钱，他还持有该公司3%的股份，可以从中分得可观的红利。其后，Abraxane被证实在肺癌和胃癌治疗上有显著效果，新基药业股价不断攀升，陈颂雄的财富也水涨船高。而作为Abraxane的专利权拥有者，他也能从销售中获得不菲的专利费。

外界的质疑从未停止，有人说他热衷名利胜过热爱科学，有人指控他涉嫌违规商业操作。但这些质疑最终都烟消云散。

创富能力被推崇

陈颂雄并没为这些流言蜚语安排空间。2011年，他成立NantWorks公司。之后购入了医疗保险公司、医疗设备公司以及软件开发公司，还花上千万美元购入最先进的DNA测序仪，向阿拉斯加州、加利福尼亚州等地的34家医院体系中的每年约2.2万名癌症患者提供DNA测序等服务。这家融合了当今最高科技类型的公司被外界称为“超级战舰”，而陈颂雄正用它完成一个大计划：把基因测序与大数据结合，彻底攻克癌症。他曾向媒体诠释这个计划：“过去对付癌症有两大难题：一是医生面对的每位癌症患者都是新的，没有可借鉴的历史数据和规律可循；二是对于病人的癌细胞转移情况医生永远滞后一步。如果我们把所有经手的癌症病人进行全身基因测序，找到病灶对症治疗，同时将这些基因数据资料上传至云端，同时链接所有医院的云端数据库，将这些数据共享，那癌症就将处在我们的监控下，无所遁形。”

NantWorks 公司同样被资本市场看好。2015 年 8 月，其一家分公司 NantKest 首轮融资就获得 26 亿美元。分析认为，这家公司或将成为他未来财富的又一强劲增长平台。美国著名生物科学前沿网站 FierceBiotech 对陈颂雄的创富能力做了总结：“对生物医学界想要成为亿万富翁的人来说，他们最应该关注陈颂雄的一点是，如何使生物科学产业最大限度地与资本关联。”而《华尔街日报》将他的资本积累方式评价为“不断将公司拆分、重组、再拆分、再重组”的过程，这种方式可以使他最大限度地从投资人那里获得利益。

（撰文：王乐然）

斯科特·德隆

德隆：靠"病毒式传播"吸金

人物简介：

斯科特·德隆，1983年出生，毕业于美国肯特州立大学。2013年创办"病毒新星"网站，成为风投家们竞争的目标。

成立8个月的网站，只有3个人运营，其中两个还是兼职，却拥有每天200多万的独立访问用户，月收入几十万美元。这一切是如何做到的？要知道答案只能去问斯科特•德隆，因为正是他创立了这家名为“病毒新星”（viralnova）的网站，并让它的内容像“病毒”一样在社交网络中传播，迅速成为IT界一颗异军突起的新星。就在不久前，“病毒新星”被数字媒体公司Zealot Networks以价值1亿美元的现金加股票收购，德隆的创业故事也成为业界又一个传奇。

每天花16个小时找内容

创建“病毒新星”之前，德隆在英雄辈出的IT界可以说是个无名小卒。他1983年出生于美国俄亥俄州，毕业于肯特州立大学。上大学期间，他就建立了自己的第一个商业网站，为经典游戏《光晕2》的爱好者提供网络平台，每个月能从谷歌广告中获得500美元报酬。

“我那时每天睁开眼睛就想，如果每月可以赚500美元，那努努力每月赚5000美元也不是什么难事。”德隆回忆说，“赚钱是没有止境的，网络平台又那么大。”茅塞顿开的德隆在大学毕业后创立了GodVine，这是一个专门发布励志故事的网站，德隆利用脸谱网庞大的女性群体，提供那些最容易让人产生共鸣的内容，吸引了大量的女性读者。虽然网站很成功，规模也越来越大，但德隆当时并不想变成一个企业家，他最后选择把网站卖掉，并且卖出了一个可以让他“改变人生”的价格。

2013 年年中，德隆在西班牙巴塞罗那从事互联网工作。百无聊赖之时，他随手建立了一个新的网站，取名为“病毒新星”。他本来只想把它做成 GodVine 的升级版，专门发布那些可以像网络病毒一样大量复制、迅速扩散的内容。谁想无心插柳柳成荫，当他搬回俄亥俄州之后，惊讶地发现这个网站的发展速度真的像病毒一样，他开始全身心地投入网站运营中。

为了更好地搜集和编辑网站内容，德隆雇用了两位自由撰稿人，但都是兼职，真正的员工只有他一个。德隆对网站的定位非常明确：分享世界各地有趣、有爱、有价值的故事。为了找到最精彩的内容，他每天至少花 16 个小时浏览世界各地的几百个博客，转载、摘录自己认为有趣的内容。德隆的独到之处在于，绝不只是简单转载，通常都会配上几句画龙点睛的评论。而在盈利方面，他还是延续之前的做法，在每个页面都刊登一些谷歌广告。

由于“病毒新星”的图片、文字、视频新奇有趣，标题又抓人眼球，网站访问量呈几何倍数地增长。2013 年 12 月，网站的月收入已经达到 40 万美元，除去兼职人员的薪水及运营上的开销，绝大部分都进了德隆自己的腰包。网站建立 8 个月时，虽然每天只更新 3 ～ 6 条内容，但日访问量已经达到 200 万以上，月访问用户超过 1 亿。

不再单打独斗

2014 年初，德隆觉得只有一个人的公司压力实在太大。由于超负荷的网站流量，德隆想在网页上添加点什么都可能使网站崩溃。虽然他凭借极低的运营成本赚了上百万美元，但每天工作 16 个小时、没有双休日的生活也让他筋疲力尽。德隆再次决定把网站卖掉，开始寻找合适的收购者。

出乎意料的是，愿意投标的人没找到，愿意投资的人却来了不少。尤其是硅谷的那些风投家们，个个都想给他砸上几百万美元。他们拼命说服德隆扩大网站规模，把“病毒新星”变成一家真正的互联网大公司，却都被德隆拒绝了。

“我厌倦了每天运营网站，我不想承担雇人的责任，也不想有办公场地。我想找点新鲜的事情做。我就是想做自己喜欢的事，我最讨厌压力了。”德隆直截了当地对媒体说。为了过自由的生活，他似乎去意已决，但他也发现，要把这家“能轻松赚钱”的网站卖掉万分艰难，因为每个收购方都提出，希望留下“病毒新星”唯一的员工——德隆本人。

纠结了很久，最终纽约一位叫西恩·贝克纳的企业家说服了德隆。经过两个月的协商，两人达成了共识，“病毒新星”由Zealot Networks公司收购，德隆可以获得相应的报酬。他承诺留在董事会，进一步扩展网站业务，但能以自己喜欢的方式工作。贝克纳则成为“病毒新星”的首席执行官，并组建了一个执行团队。此前与德隆一同工作的自由撰稿人萨沙·希德勒斯顿成为网站主编。此外，公司还聘请了12个作家，以及专业的销售团队。现在，“病毒新星”已经有了22名全职员工，2015年有望达到3500万美元的收入，未来公司有可能搬到Zealot Networks的加州总部。

这次合作对于德隆来说可谓一举两得，当被问及现在的生活状态时，他说：“现在当然不需要工作16小时了，我甚至都有时间去享受生活了。”

真正的秘诀

分析人士认为，“病毒新星”成功的秘诀就是德隆对内容的把控有非常独到的眼光，每天都能找到让无数人愿意分享的内容，很快形成了一大批铁杆粉丝。正如网站名字一样，“病毒新星”搜集了世界各地新奇有趣的资讯、图片和视频，而且不涉及政治，无国界和种族障碍，适合通过社交网络进行“病毒式”快速分享。

归纳起来，网站的内容大致分成三类：一是有趣的，比如《15 个只能在中国沃尔玛买到的东西，第 14 个最怪异》，提到在中国超市里司空见惯的猪头，但在美国人看来这就是奇闻，因为美国超市里是永远看不到有“头”的食物的；二是正能量的“心灵鸡汤”，这是任何国家地区的人都喜欢看，也喜欢转发的；三是有创意的产品，比如设计精巧的集装箱房子，充满新奇感。

除了精彩的内容外，“病毒新星”也很好地利用了社交媒体。数据显示，网站近一半的流量都来自脸谱网，可见“病毒新星”的社交媒体分享传播做得非常好，这反过来也促进了网站内容在搜索引擎上的展现。

众所周知，今天的个人网站并不好做。在一个信息泛滥的时代，垃圾内容铺天盖地，读者要找到最精彩、最有价值的内容往往如大海捞针。但“病毒新星”的成功证明，如果肯在内容上下功夫，为用户筛选出最优质的内容或信息，辅之以社交平台的有效传播，流量是可以很快积累起来的。换句话说，专注于读者感兴趣的内容，并将其做到极致，是德隆的真正秘诀。

（撰文：肖遥）

凯文・贝克普

贝克普：产品未出就卖了 1 亿

人物简介：

凯文·贝克普，1987 年出生于美国，2014 年创立 Periscope 流媒体直播软件，2015 年 1 月被推特收购，现任 Periscope 公司 CEO。

像Periscope这样好运的创业公司并不多：初始团队5个人，公司成立11个月，产品还未正式上线，就被科技巨头推特收购，据悉价格高达1亿美元。这样的故事让企业家们疯狂，“创业听起来太容易了”。但在Periscope创始人凯文·贝克普看来，“没人能一夜成功，做Periscope并不容易”。

旅途中寻找灵感

Periscope的概念是通过虚拟手段带你去从未去过的地方。这是一款智能手机应用，用户只需利用手机摄像头，就能将身边发生的事直播给千里外的朋友。同时，用户能相互评论、提问和点赞，还提供了社交互动功能。

实际上，像这样把视频发送到网络上的流媒体已不是什么新科技了。3年前，手机直播应用薇迪（Viddy）就曾迅速融资数千万美元。但热潮仅持续了一个夏天，公司就销声匿迹了。2015年年初，直播软件又呈现复兴的趋势，这次Periscope抢占了先机。贝克普认为，因为智能手机的普及，越来越多的人更容易接受这类应用。

贝克普生于1987年，父母在20世纪70年代从伊朗移民到美国。贝克普与Periscope另一位创始人伯恩斯坦是发小，都是标准的“泛90”，乐于接受新鲜事物，喜欢折腾。小学时，他们就把家里的电脑大卸八块，又给组装回去。在斯坦福念大学时，贝克普主修电子计算机，但和那些技术派的 IT 男不同，他和伯恩斯坦商量着要往商业领域插一脚。

当时智能手机流行起来，APP 商店里各种软件铺天盖地，两人也做了一款有关校园生活的手机应用——I Standford，帮助学生了解校园公共服务系统，提供电子地图、导航、停车信息等。贝克普认为，创业是件严肃的事情，他们不想瞎折腾，于是就成立了公司。后来，I Standford 被美国一家叫黑板的教育公司收购。

而创办 Periscope 也是出于机缘巧合。2013 年，贝克普和伯恩斯坦一起去土耳其旅行，在伊斯坦布尔游玩时，正巧赶上塔克西姆广场发生暴乱。贝克普很想去现场看看，但因为安全问题不敢走太近，就上推特想找点消息。“我看到推特上有一些关于现场的文字描述，但总觉得缺了点什么。我和伯恩斯坦突然想到，既然有这么多智能手机，为什么不能找现场的人拍下视频给我们？”

要有自己的杀手锏

2014 年，贝克普与伯恩斯坦辞去黑板教育的工作，在车库里成立了 Periscope。这时，已 27 岁的贝克普明白市场优胜劣汰的残酷性，“要避免重蹈 3 年前直播软件的覆辙，我们必须有突破”。Periscope 原本打算设计成“将手机横过来拍摄视频”的制式。因为电脑显示器是横着的，电视机也是横着的。但贝克普的团队决定，要坚持竖着拍视频。问及为什么与主流背道而驰，他解释说：“Periscope 是专门针对手机设计的，不是浏览器，也不是电视机。人们其实更习惯在竖屏格式下使用手机，这是开启 Periscope 体验最自然的方式。”这时，市面上已出现其他类似的直播软件，但只有 Periscope 支持在稍后时间对流媒体内容进行回放，这成了他们的杀手锏。

很快，Periscope 吸引了投资家们，顺利拿到种子投资，看好他们的投资人包括世界领先数字媒体供应商奥多比（Adobe）的总经理。有了资金的支持，Periscope 研发很顺利，仅用了 8 周时间，产品就进入内测阶段。

几个月后，贝克普和老同学委瑞丽聚会。委瑞丽当时任推特公司事业发展部主管，她问贝克普最近在忙什么，贝克普掏出手机给她看了 Periscope 测试版。“最初我还开玩笑说，Periscope 只是个游戏软件。但当我看到直播的婴儿蹒跚学步和癌症病人化疗的视频时，被深深打动了，这是一个能让人们沟通心灵的好设计。”于是，委瑞丽将 Periscope 介绍给了推特的大佬们，其中包括时任 CEO 的科斯特洛。不久，推特就提出收购想法，给出的价格是 1 亿美元。

被科技巨头看中，贝克普很开心：“创业要历经各种艰辛，一旦有人坚定地在身边肯定和支持你，无论他是朋友、父母或者是收购者，这一刻的感觉棒极了。”不过，他也有顾虑：“当时，对 Periscope 感兴趣的不只有推特。无论是从个人还是团队考虑，做这样的决定都很困难。到底要不要加入推特，我们讨论了很长时间，就像面对世界大战般谨慎。”在与推特进行了多次沟通后，贝克普才做出决定：推特能提供 Periscope 产品进一步研发和推广的资金，被收购是利大于弊的。

下一段直播将来自南极

2015 年 1 月，Periscope 正式加入推特。尽管推特掏了不少钱，但贝克普坚持要独立运行。Periscope 有自己的团队、品牌，连办公室都是和推特分开的。贝克普说：“5 个人的团队要融入 4000 多人的大公司，我们要做很多改变，更要保持独立性。”

两个月后，Periscope 上线。“午夜 12 点，我们按下产品发布的按钮，巴黎、德国和比利时的人们第一时间下载了 Periscope。”第二天、第三天，应用里有在土耳其卡帕多西亚热气球里拍摄的日出，60 多人在不同角度直播美国布鲁克林大火，还有人拍下了肯尼亚大选投票亭外的队伍，以及英国伦敦温布尔登的温网比赛。第十天，Periscope 下载量超过 100 万次，“大家都疯了，但谁不喜欢这样的内容！”

Periscope的用户中有大明星，如美国艾伦秀主持人、获格莱美音乐奖的玛丽亚·凯莉等。他们拍下酒会或者演唱会的幕后花絮，与粉丝们分享。Periscope还证明了自己是一个实用的竞选工具。美国共和党竞选人兰德·保罗利用Periscope直播了很多场个人竞选活动。上个月，希拉里也在Periscope上举行了自己的首场大型竞选造势大会。

当然，Periscope更受媒体青睐。2015年5月，英国大选的当晚，美国CNN记者奎斯特坐上一辆双层巴士在伦敦市内转悠，一边与专家们讨论大选的结果一边用Periscope向观众介绍伦敦的风景。而在英国凯特王妃住进圣玛丽医院准备生第二个孩子时，CNN皇家记者福斯特等在拥挤的媒体区里无事可做，便将手机夹在垃圾箱上方的一个小型三脚架上，通过Periscope与无数关注英国皇室的人交流。

一时间，很多人手机里都下载了Periscope，贝克普也被更多人所熟知。一位采访过他的美国记者写道：“第一次见到贝克普时，他眼睛里充满了激情、欲望和热忱，当然还有新锐创业家的自信。贝克普对我说，Periscope平台最近迎来了第一段来自朝鲜的直播视频，我们必须再接再厉。我问他，希望下一个新突破来自哪里？贝克普信心满满地说：‘南极洲，这是唯一一个我们还没有覆盖到的地区。’”

（撰文：毛予菲）

Tracx 公司原创“五人组”

以色列“六人行”闯荡纽约

以色列一直享有“创业之国”的美誉。5年前，以色列著名作家索尔·辛格写的《创业的国度》一书风靡一时，仅中文版就重印了14次。然而，以色列人的创业故事仍在继续，且现在发生的故事甚至比以前的更精彩。

比如，一批由以色列年轻人创建的科技企业，正在从美国的硅谷转向纽约——视频领域的Kaltura、SundaySky，大数据公司SiSense，金融科技公司BillGuard、Feex等——在过去的12个月里，这些公司一共募集到了10多亿美元的资金。如果说硅谷更侧重技术，那么以金融和社交闻名于世的纽约则更加注重市场的开拓和营销，这正是犹太人所擅长的领域。这批以色列公司在短时间内就成了美国创业界的新星。其中最受关注的是刚刚拿到1800万美元融资的Tracx公司，它被媒体称为以色列科技界新的成功之星。

原创“五人组”

Tracx是一个面向企业的大数据管理平台——它先从社交网络媒体中提取用户数据，分析用户偏好和潜在市场，然后向企业提供数据报告和解决方案。虽然听起来不很新鲜，但Tracx的优势是小而精，它对网络信息反应迅速，能深入分析用户情绪，及时给企业意见，因此备受投资者青睐。

Tracx吸引投资者的另一个原因，是它有5位技术过硬的创始人：首席运营官亚尼夫·本-阿里、研发副总裁奥弗·福特、网络技术主管尼夫·辛格、首席设计师诺姆·辛格，以及高级副总裁阿萨夫·施泰格勒。他们十几年前都曾在以色列城市特拉维夫读书，除了阿里外，其他4个人的专业都与通讯、软件相关。后来，5个人又相继进入全球著名的视频监控技术公司DVTel，从事军事领域的视频监控和分析工作，可以说是真正的袍泽之谊。

2006年，这5位“战友”把战场从军事视频转向了新兴的社交网络。当时最热门的社交平台是雅虎旗下的图片分享网站Flicker，他们就“公器私用”，把DVTel的设备用于监控用户评论等动态上，以发掘网友喜好、细分潜在市场。到2008年，Facebook风靡全球，看到市场前景的“五人组”决定抓住机会，创办一家专门监控和分析社交网络数据的公司。但当时正值美国金融危机，融资很难。直到有一天，他们在公寓楼下遇到了一位天使投资人，聊天中打动了对方，最终拿到了75万美元的种子资金。这笔钱催生了Tracx公司及其第一款监测软件，但如何开拓市场却成了5个人的新烦恼。

发掘“营销黑客”

对于初创企业来说，一名Growth Hacker（营销黑客）是必不可少的，这是创业圈近年出现的一个新名词，指的是那些既懂技术又懂营销的人。Tracx公司成立后，“五人组”到处寻找合适人选，最终看上了SmartHome电信公司事业发展总监——伊兰·吉拉德。他的背景与他们几乎是一样的：以色列人，在特拉维夫读完大学，进入以色列国防军服役，从事通信工作，技术知识扎实。只是吉拉德退役后去了瑞典，转向与市场有关的工作，对于国际市场颇有经验，是个典型的“营销黑客”。

2008年，吉拉德接受了Tracx公司的邀请，成了第六位创始成员，并出任CEO。他为公司制订了一系列发展计划，Tracx很快就推出了自己的第一个产品。这是一款以大数据为基础的网络平台，不同于以往的安装软件模式，这个平台的载体是最为简便的网页。Tracx 通过云技术把所有客户资料储存在云空间，使得客户随时随地都能利用网页界面办公。页面上的社交媒体数据分析包括了年龄分析、喜好分析、地区分析、数据比对等。虽然产品推出后用户口碑不错，但当时的以色列风投界对于这种新颖、偏门的项目还心存疑虑，导致 Tracx 在以色列的发展一度停滞。于是，吉拉德把目光投向了世界金融的中心——纽约。2009 年，吉拉德前往纽约寻找资金和新客户。一年中，他把几乎一半的时间都花在来往纽约和以色列间的天上。2012 年，在与投资者见了几十次面后，他为公司拿到了来自美国的一笔融资，共计 350 万美元。

同时，投资者希望吉拉德能搬到纽约来，以便设立总部、招聘人才和渗透市场。于是，吉拉德说服了其他几位创始人，在纽约设立了 Tracx 公司的办事处。

事实上，吉拉德之所以愿意到纽约，还有其他方面的考虑。他在接受采访时表示，初创时期就计划着有一天把公司搬到纽约，因为“一个充斥着大小竞争对手、熙熙攘攘的市场，会不断推动技术进步”。而且，国际化的纽约有他们大部分客户的总部，这样有助于更快地沟通，更有效率地反馈。最重要的是，纽约是社交网络的发源地，必须深入其中才能了解他们涉及的市场，才能更好地设计产品。

“我们如果要做国际化的公司，就必须在多个地方工作。一直待在以色列会与国际市场脱节，而只有在纽约工作才会了解美国文化，才能真正做到开拓美国市场。”吉拉德说。

现在，Tracx 公司的工作模式是：5 位创始人在以色列负责产品研发，吉拉德在美国拓展市场。这种分离的模式让双方都能全身心地投入自己的工作，事实证明这是一种成功的模式，Tracx 也成为许多评论家眼中以色列人创业的模板——技术、勇气、友情、营销，缺一不可。

“创业之国”的奥秘

数据显示，以色列人口不足 800 万，国土面积仅 2.2 万平方公里，而且其中 60% 还是干旱或半干旱地区，但以色列的科技创业公司却多达 4000 家，“密度”居全球第一，因此被称为“创业之国”。

与 Tracx 公司的 6 位创始人相似，以色列的许多创业家都有过与军队相关的工作经历。在以色列，国防军每年会从大学里精选最出色的学生，集中培训 2 ～ 3 年，主攻科技和创新领域，其中不少人成为以色列最顶尖的科学家和最成功的企业家。更重要的是，从军队出来的人，都有很强的团队意识，这也就是为什么 Tracx 公司的创始人各个身怀绝技，又能始终团结协作长达 7 年的原因。

以色列是名副其实的移民之国，国民来自 70 多个不同的国家和地区，文化背景不一，而这种多元化恰恰是创新和营销的温床。因此，以色列的企业家们往往能自由地在不同文化之间转换，能扛住来自其他国家的竞争对手的压力，也能避免企业在国际化的道路上水土不服。

以色列成为“创业之国”还有一层历史原因。背负着千年苦难民族史的以色列人，始终怀有一种危机感。生存的压力，造就了以色列人极其强大的创新动力。正是因为这种居安思危的心态，让纽约的以色列企业家一直勤勉地维持自己的竞争力，也让他们在美国人统治的科技界，开启了属于自己的黄金时代。

（撰文：余驰疆）

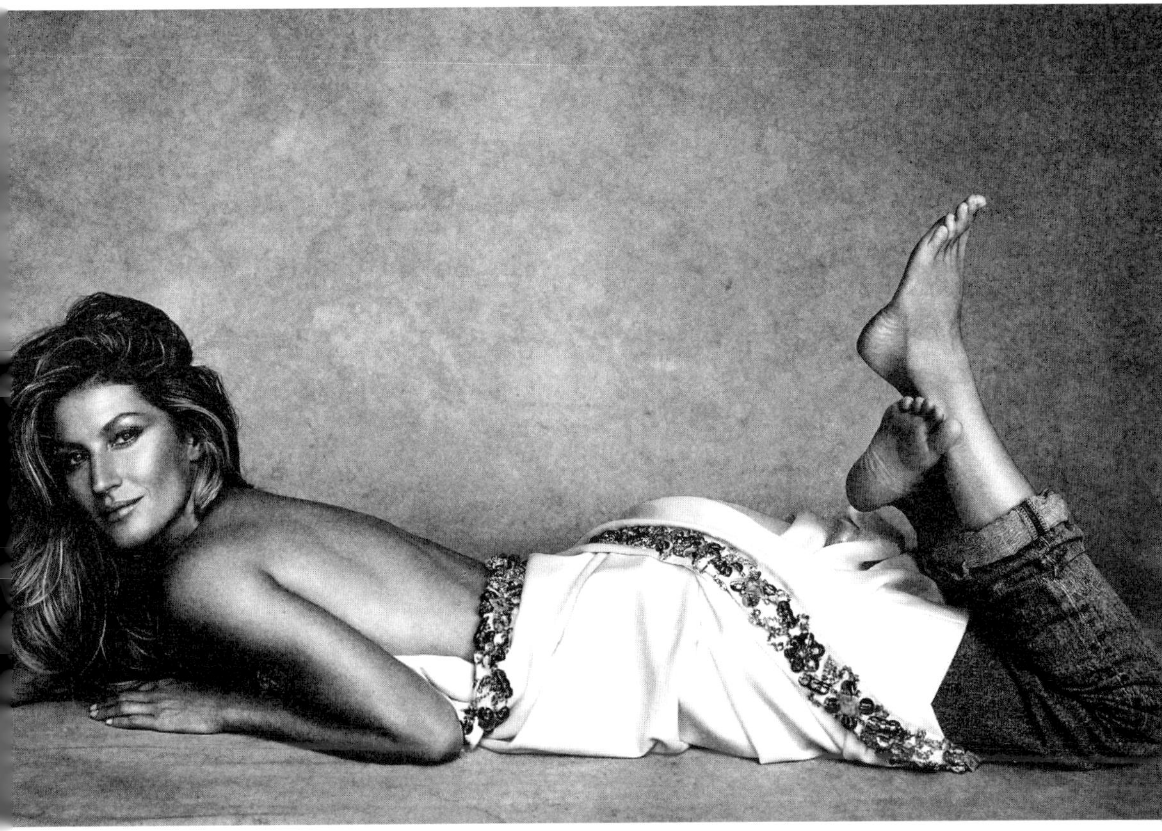

吉赛尔・邦辰

吉赛尔・邦辰：华丽丽入商界

人物简介：

吉赛尔・邦辰，生于1980年，巴西超模，自2008年起连续7年蝉联福布斯“全球最赚钱超模榜单”第一名。2010年，先后创办护肤品牌和内衣公司，旗下拥有诸多地产。

棱角分明的颊骨，微张的嘴唇，金发碧眼，时尚大片中的吉赛尔·邦辰永远是“第一超模”范儿。最初，人们都惊叹于她的美貌，称其是“世间少有的性感尤物”；后来，人们开始计算她的身家，从T台到商界，她赚钱的速度可谓日进斗金。因此，邦辰还有个响当当的外号——最美“人肉印钞机”。

2015年4月，邦辰在巴西圣保罗时装周上走完最后一次秀，宣布退出T台，专注发展商业。邦辰的经营做得有声有色，成功实现了转型。

日赚13万美元

事实上，近几年人们津津乐道的，除了邦辰的美，就是她还是个会赚钱的商人。35岁的邦辰已连续7年蝉联“全球最赚钱超模”的桂冠。有人计算过，从2001年至今，她共赚了4.27亿美元，平均每天有13万美元进账。

邦辰出生在巴西南部南里奥格兰德州的小镇，父母都是德国裔。在那个连红绿灯都没有的小镇上，邦辰一点都不受欢迎，因为她太高了。13岁时，邦辰就长到了1米8，她说自己当时瘦骨嶙峋的像个“怪物”。因为脖子和四肢过于修长，同学们都叫她“奥利弗”——卡通片里大力水手的长脖子女友。回忆起儿时经历，她打趣道：“如果那时我在美国，或许有人会带我去治疗吧。”

邦辰第一次听到有人夸赞她的美貌是在14岁。当时，她正披着件大雨衣在圣保罗的购物中心闲逛。一位世界精英模特大赛的星探对她说："你应该成为一名模特。"邦辰兴奋极了，立刻报名参加了西班牙的"世界小姐"选美大赛，竟然拿到第四名。

1996年，邦辰去了纽约，第一次在全球时装周上亮相，惊艳四座。两年后，她登上美国著名设计师亚历山大·麦昆的秀场，麦昆称赞她有"最完美的身材"。一夜之间，所有模特公司都想跟邦辰签约。2000年，著名内衣品牌维多利亚的秘密破纪录地掏出250万美元，将她招至麾下。这是邦辰的第一桶金。

与那些瘦弱的模特不同，邦辰的形象更健康、自信。在T台上，无论是性感的比基尼还是高级的香奈儿成衣，她都能驾驭。为了在国际秀场表现更出色，邦辰学会一口流利的英语、意大利语和西班牙语。到2000年，她已坐稳全球"第一超模"的宝座。2014年，她的收入是4700万美元，排在第二位的仅有800万美元。

邦辰的财富不仅仅来自秀场。在一次采访中，她说："有些人做模特只是单纯因为喜欢。但对我来说，这是个赚钱的好机会，入行的时候我就想创立自己的商业。"

神奇的"吸金力"

不得不承认，一副好皮囊曾是邦辰最大的本钱。成名后的几年，她接代言接到手软。邦辰有神奇的"吸金力"。业内有个"吉赛尔指数"，只要是她代言的产品都会大卖，公司股价也会大涨。2002年，巴西人字拖品牌依帕内玛找她代言后，就大卖两亿多双。商家赚了钱，邦辰也有份。在代言之初，她会对产品做判断，如果市场前景好，就会跟公司签订销售分成协议。至于比例多少，她自然不会吃亏。

后来，邦辰不满足跟商家分一杯羹了。2010年，她先后创立护肤品牌

Sejaa 和以“吉赛尔·邦辰”命名的内衣品牌，当然代言人是她自己。邦辰说，做护肤品也是为了解决自己的烦恼。因为工作的原因，她平时经常要化浓妆。可那些涂在脸上的到底是些什么东西，让她越来越不放心。所以，邦辰做的护肤品，一直主打 100% 纯天然。而为了更好地营销品牌理念，她甚至花大价钱将工厂的生产线改为风力发电，就是要从内到外做到极致。邦辰的努力自然没有白费。Sejaa 迅速在护肤品市场打开销路，如今每年有近 1 亿美元的销售额。

邦辰的内衣品牌，定位与老东家维多利亚的秘密有些相似。她同样看好大众消费市场，每件内衣不过几十美元。但与热衷花式营销的维多利亚的秘密不同，邦辰把更多精力投入到内衣设计本身。她了解女性的需求，产品兼顾款式与实用性，受到很多年轻消费者的青睐。现在，邦辰的内衣品牌已进军欧洲市场，还在巴黎的老佛爷商场开设了自己的专卖店。

“印钞机”有了新身份

邦辰不仅懂得如何赚钱，更懂得如何投资。澳大利亚版 *Vogue* 杂志的封面文章中写道：“邦辰是全球身价最高的模特，还是最会商业投资的模特。”这话一点没错。邦辰是个房地产大亨。她在 20 岁时，就开始将自己代言走秀的收入拿去做房地产投资。现在，邦辰手中有很多知名地产，比如巴西的高级酒店、加州的度假别墅，她还和老公买下地皮开发旅游产业。邦辰现在住的豪宅也是几年前买下的。这座别墅有几个足球场大，里面有泳池、酒窖、健身房，还有图书馆，价值 5000 万美元。

走下 T 台后，邦辰将目光投向了出版业。不久前，她带着自传《吉赛尔·邦辰》，跟大家见面。不过，这本书比普通图书的售价高出十几倍，每本价格为 700 美元。不少出版商为她捏了把汗，可邦辰显然有备而来。她玩起了“饥饿营销”，平装本限量出售 1000 册，每本都附有她的亲笔签名。

而价值2000美元的超级精装版，只有100册。结果，邦辰再次证明了她强大的吸金能力，在该书正式发售前，1100本就被抢订一空。有人说，在时尚圈20多年，邦辰已经将自己的名字打造成了最响亮的品牌，只要印上“吉赛尔·邦辰”就能大卖。

邦辰的老公布雷迪也是赚钱高手。他是美国橄榄球运动员，2015年带领爱国者队第四次夺得超级碗冠军，个人也第三次获得“超级碗MVP”。不久前，他接下了美国运动品牌安德玛的代言，虽未公布价码，但这家公司曾为另一名橄榄球明星开出10年超过3.2亿美元的报价。美国媒体称，布雷迪肯定从中狠赚了一笔。2011年，布雷迪与邦辰的年收入是7600万美元，超过了好莱坞明星夫妇布拉德·皮特和安吉丽娜·朱莉。

刚出道时，邦辰也有些叛逆，戴着脐环和文身，还跟好莱坞男星莱昂纳多和几个富豪传出过不少绯闻。如今，她已升级为辣妈，被街拍到的也是和老公抱着一对儿女出行的画面。她一边工作一边哺乳的照片红遍网络，“印钞机”邦辰又有了新身份——新时代女性的励志偶像。

（撰文：毛予菲）

诚实公司的明星产品是无毒纸尿裤。

好莱坞辣妈：卖纸尿裤赚大钱

人物简介：

杰西卡·阿尔芭，好莱坞著名的女明星，因创办的诚实公司估值超过10亿美元而登上了《福布斯》杂志的封面。被评为全美最富的白手起家的女性之一，个人资产达到2亿美元。

洛杉矶的清晨微凉，阳光慷慨地洒在圣莫尼卡的沙滩上。沙滩不远处是一家老玩具厂，现在已变成诚实公司的大本营。员工们陆续到岗，在一堆纸尿裤中开始了一天的工作——他们的明星产品就是无毒婴儿用品。

最后到达的是公司的联合创始人——杰西卡·阿尔芭，好莱坞著名的"花瓶"女明星。就在前不久，她登上了《福布斯》杂志的封面，被评为全美最富的白手起家的女性之一——她创办的诚实公司估值超过 10 亿美元，个人资产也达到 2 亿美元。

她用实际行动向人们证明，好莱坞的"芭比娃娃"们，并非全都是"胸大无脑"。

从烦恼中得到启发

好莱坞的大美女们，刚开始的命运都是相似的——倾国倾城的容貌加上羡煞众人的运气，阿尔芭也不能免俗。出生在加州的她拥有五国血统，从小就是个美人坯子。12 岁那年，她被星探发现，顺利签约经纪公司，出演好莱坞电影《疯狂夏令营》中的一个重要角色，开启了演艺生涯。

巧克力肤色、甜美的脸蛋，以及凹凸有致的身材，让阿尔芭成为好莱坞甜心公主。电影中她扑闪着无辜的大眼睛，演绎着俗套的商业片；戏外则是代言不断，赚得盆满钵满。不过，和其他挥霍无度的女明星不同，阿尔芭是出了名的节省，她曾对媒体说："我从小就看着父母因为没钱吵个不停，所以我告诉自己一定要存钱。我知道这些钱在某个时刻一定会用到。"

阿尔芭说的“某个时刻”是2007年，她与电影制作人卡什·沃伦奉子成婚，但怀孕却让她烦恼不断。“我从小就容易过敏，怀孕时使用了一种知名的婴儿洗衣液，立马引发了皮疹。”阿尔芭花了一整天，仔细研究家里所有清洁用品的成分，发现都有石化产品、甲醛和阻燃剂等成分。“我在这些‘毒品’的作用下皮肤都会有反应，何况是婴儿？”她向婴幼儿专家加维甘询问去哪儿购买无毒的清洁用品，却得到令人沮丧的答案——没有一个综合品牌生产的所有商品是环保、安全、无毒的。

既然没有，那就自己创造。阿尔芭在窘境中发现商机，决定以“完全无毒”为卖点，生产绝对安全的生活用品和婴幼儿产品。一开始，她试图用苏打粉、醋和精油自行配制清洁产品，“但最后弄出像沙拉调料一样的东西”。后来，她大量阅读相关资料，学习化学知识，向加维甘请教配制细节，几乎没怎么认真准备生孩子的事，把时间全花在了研究方案上。

2008年6月，女儿顺利降生，阿尔芭的商业策划也有了雏形，她准备在互联网上做生意，让妈妈们足不出户就能买到无毒产品，还为此制作了长达50页的计划书。

美女的“路演”

2009年初，阿尔芭恢复了曼妙的身材，甚至比生产前更增添了几分成熟韵味。她开始寻找合作和融资，时不时就找机会向他人陈述自己的商业理念。不过，美女的“路演”并没奏效，漂亮脸蛋反而成了她的劣势：“他们把我看成电影中穿着比基尼的性感女孩，觉得我做的事很愚蠢。”那些居高临下的商界大佬们，最常给出的建议是：“你为什么不去代言赚钱呢？”

哪怕是“开后门”也遭到拒绝。一次，阿尔芭的丈夫给她介绍了一位互联网投资高手——韩国裔律师布莱恩·李。阿尔芭亮出自己50页的计划书，声情并茂地讲了起来。面对冗长的计划书布莱恩直接拒绝了：“你的想法太多，这样就缺乏亮点和实操性。”转身就把钱投给了金·卡戴珊的女鞋订购网站。

大明星屈尊降贵结果受到冷待，阿尔芭很快又回到片场，相继出演了《情人节》《弯刀》等影片。拍片间隙，阿尔芭仍在继续自己的创业计划，不过这一次她更谨慎。她聘请了加维甘担任顾问，调查了美国有毒物质的使用情况。她研读了 1976 年出台的《有毒物质控制法案》，发现全美只有 11 种化学品被严令禁止添加到生活用品中，而这个数据在欧洲是 1300 种。同时，她研究了自己的方案，决定把纸尿裤作为进军婴幼儿市场的王牌产品。“为什么没人设计无毒又好看的纸尿裤？为什么婴儿们都跟穿了棕色纸袋似的？我要做一款有多样花纹，材质天然的纸尿裤。”这种不服输的个性，让阿尔芭很快赢得“辣妈”的称号。

2011 年，阿尔芭带着调研数据和 10 页的计划书，再一次找到布莱恩。实打实的数据加上简洁明了的方案，布莱恩动心了。他为阿尔芭筹到 600 万美元的种子资金，注册了诚实公司，定下了在线订购的基本模型。阿尔芭也利用自己的名人效应开始在脸谱网上宣传新产品，得到了不错的反响。不过，由于销售费用的增加和网站系统的维护等，600 万美元很快花完，阿尔芭只能把积蓄拿出来填补亏空。

苦日子没过多久，美国几家高端婴幼儿销售公司就给阿尔芭打来电话，询问能不能在店里卖诚实公司的纸尿裤。有了线下大牌的支持，诚实公司很快拓宽了市场，“完全无毒”的概念也深入人心，第一年的销售额就达到 1000 万美元。

如今，诚实公司已经拥有 120 多种产品，包括纸尿裤、洗发水、卫生棉条等，阿尔芭曾幻想的无毒产品王国已初具规模。

高效“女超人”

2014 年，诚实公司的年营收达到 1.5 亿美元，阿尔芭也理所当然地被冠以美女企业家的头衔。当被问及管理秘诀时，她微笑着说了“温暖”两个字。

她认为开放温馨的环境更有助于员工的创新，而很多小细节则会让员工感受到企业的人性化。比如，她把励志短语写在楼梯上，每踩一步都能感受到正能量；她在公司内设立“儿童角”，欢迎员工带着孩子来工作，让他们更了解公司的用户；她还会每周举行下午茶会，听取每个员工的意见……

阿尔芭也有严厉的时候，不过大部分是对自己。从一天的安排就能看出她有多“虐待”自己：白天拍戏，深夜回家，天蒙蒙亮就起床准备送孩子上学，然后赶到公司处理事务，没打几个电话就又飞奔到片场……她的朋友打趣道：“如果想叫醒睡着的阿尔芭，只要说一句‘我们来谈谈新项目吧’，她立马就精神了。”

这么多事情，一个人要如何兼顾呢？“辣妈”只能提高效率。她会把公司的账目数据记下来，随口就说出营业额，节省了很多查资料的时间；在拍戏上，她更是雷厉风行，只花20天就完成了由她和杰森·斯坦斯主演的电影《机械师2》中的镜头。

只有一件事能让阿尔芭慢下来，那就是陪伴两个女儿。“晚上，我会把她们抱到我的房间，把手机关掉，安心地陪伴她们。”卸下老板、明星的超人外衣，阿尔芭说她只是个普通的母亲，一心希望孩子能健康、安全地长大。这是她创业的初衷，也是她不变的目标。

（撰文：余驰疆）

马特・费洛斯

“美国好钱包”，帮工薪族月赚 350 美元

人物简介:

马特·费洛斯，1975 年出生，美国乔治城大学公共政策硕士，北卡罗来纳大学教堂山分校政治学博士。2004 年任布鲁金斯学会研究员。2009 年创立在线理财平台 HelloWallet。

在一个“你不理财，财不理你”的时代里，人人都渴望拥有一个靠谱的私人理财规划师。尤其是那些靠辛苦打拼才积攒起一点存款的工薪阶层，买房、生育、子女教育、养老，生活的方方面面都要精打细算。然而，恰恰也是这个群体最缺乏科学的理财规划，年轻时大手大脚，结婚生子后又拼命节省，导致生活的幸福指数难以提升。

幸好，互联网的发展降低了传统理财门槛。最近，美国在线理财平台HelloWallet就被福布斯称为打工者的“最佳理财师”。它专门为工薪阶层量身定制理财规划，从日常消费、支出到退休金都算得井井有条。而这家公司的创始人就是马特·费洛斯。

智库专家的担忧

HelloWallet公司位于华盛顿哥伦比亚特区，已创建了6年，目前共为55万名客户提供理财服务。HelloWallet的创业过程，要从费洛斯的背景说起。

如果不是为了创办HelloWallet，费洛斯现在很可能是华盛顿的一名政策专家。他在美国乔治城大学读书时的专业是公共政策。拿到硕士学位后，又进入北卡罗来纳大学教堂山分校攻读政治学博士。2004年，费洛斯被美国著名智库布鲁金斯学会聘用。这是一家历史悠久、研究公共政策的非营利组织。布鲁金斯学会的宗旨就是提出具有创新精神和实用性的政策建议，以促进美国社会的经济繁荣和社会保障。

怀着这样的理想，时年 29 岁的费洛斯选择了一个课题：美国低收入家庭的财务状况研究。之后几年，他全身心地投入到调查问卷、收集样本、数据分析的工作中。2008 年，他的研究成果开始受到美国政府的关注，他本人也被国会请去发表证言，以公共政策专家的身份参与政事讨论。

随着研究的深入，费洛斯发现，很多问题是华盛顿也无法解决的。比如，如何保护普通人不中“发薪日贷款”的圈套。所谓“发薪日贷款”，即工资抵押贷款，由放贷人提供小额、短期、无担保贷款，借款人以此维持暂时开销，并承诺在发薪水后偿还。这种贷款的年收益率高达 300% 以上，而借款人大多是不富裕的工薪阶层。

美国各大银行对推销“发薪日贷款”格外热衷，打着帮借款人“更好地筹划家庭预算”“为退休后存钱”的幌子，实际上却在收取极其高昂的利息。但普通人很难计算得那么准确，经常落入债务陷阱。

费洛斯对此感到担忧，他决心利用自己的专业知识，帮助那些上当的人。他最初的想法是创建一个巨型的薪水优化电子表格，但很快发现，工薪阶层恰恰最不喜欢看表。费洛斯改变了思路，决定利用大数据、互联网和行为金融学，通过“点拨”的方式，促使人们做出更加明智的选择。

用福利形式卖产品

2008 年底，费洛斯辞去布鲁金斯学会的工作，全职投入自己的创想。他从洛克菲勒基金会获得了 100 万美元的资助，加上其他一些投资，于 2009 年创立了 HelloWallet 公司——以营利为目的的在线理财平台。

费洛斯很清楚，商业模式非常重要，尤其是面向普通人的理财服务。考虑到员工财务状况与企业的关系，他选择了一种新的销售模式——把产品卖给企业，作为公司福利传递到员工身上。尽管今天的企业不再负担员工的生活和养老，但财务状况良好的员工能更加卖力地工作，任何一家企业负责人都明白这个道理，尤其是那些大公司。调查显示，美国大型雇主中，有93%都愿意帮助员工获得财务保障。

事实证明这是一个非常成功的思路。对于合作的企业，费洛斯要求它们以福利的形式，绑定员工银行、信贷、储蓄和投资等所有账户，并通过电子邮件、应用程序和短信逐条发送理财产品或建议。内容包括如何买东西最划算、怎么省钱不降低生活水平，还有如何偿还债务、存钱、制定家庭预算、投资、养老等。费洛斯的技术团队通过行为心理学和大数据分析，为服务对象提供具体建议。客户还可以通过HelloWallet的网站和手机软件管理资金。

相对于传统理财的高收费，HelloWallet的会员费每月只要9美元，而且每增加5个付费会员，公司还会赠送一个会员资格。但对于企业员工来说，这笔钱是雇主出的，他们无须支付任何费用。

2012年1月，HelloWallet获得了1200万美元的B轮融资；2014年，它被一家投资公司以5250万美元的价格收购，成为独立的全资子公司。

目前，HelloWallet已经和26家企业签约，为他们的员工提供理财服务。

改变服务方式很重要

最初，HelloWallet的建议可谓面面俱到。如果他们发现某张信用卡收取月费，就会建议你换别的；如果你的支票账户被收取透支费，他们也会提醒你打电话给银行。渐渐地，费洛斯发现，有的提示比较受欢迎，有的则不是。

“一开始，我们的家长式作风还挺严重的。我们会站在自己的立场，判断哪些支出有必要、哪些没有必要。”费洛斯说，“但这样做有点不得人心，因为有些支出是人们日常生活中的快乐来源。要让人家信任你，不能一上来就指指点点，告诉人家这不对、那不对。”

后来，HelloWallet 的提醒开始采用积极的口吻：“月底将近，您本月的咖啡支出也接近上限了。如果就此打住，您本月的预算就不会超支啦。”

改进后的效果非常明显。费洛斯透露，使用其服务满一年的企业员工，积蓄平均增长了 29%。据统计，HelloWallet 的会员每月存款能比使用前平均多出 350 美元，相当于为客户赚了这笔钱。HelloWallet 被用户亲切地称为“美国好钱包”。

从目前看，HelloWallet 在纯自动化财务咨询领域一马当先，但在企业市场里，它的竞争对手也不少。在企业市场以外，很多新兴应用程序也正在帮助消费者科学理财。不过，据费洛斯自己估计，在需要财务咨询服务的人中，目前大约只有 1/3 满足于纯粹的机器建议，HelloWallet 未来还有很大的发展空间。“这是一项很难拓展规模的业务，而我在软件中看到了规模化的潜力。”费洛斯说。

（撰文：肖遥）

张野

张野：汪峰耳机的操盘手

人物简介：

张野，1983年出生，毕业于俄罗斯柴可夫斯基音乐学院。2013年创立青山资本，相继投资美容、游戏、孵化器、房地产等近40个互联网创业项目。2015年10月，因操盘汪峰的“Fiil耳机”项目被广泛关注。

“当你成为一家企业的创始人，就要脱离之前的身份。你必须干什么像什么：懂产品、懂市场、懂营销、懂推广，企业的舵手必须是‘全能’的。”这是张野对创业者的理解。从 2013 年创立青山资本开始，他相继投资了近 40 个互联网创业项目，横跨美容、房地产、孵化器等多个行业。2015 年 10 月，青山资本投资了歌手汪峰转型打造的“Fiil 耳机”，受到普遍关注，产品一经发布，一周内的网络预售量超过了 100 万台。

当一些人认为中国草根阶层的成功机会正在减少时，张野却持相反的态度。“近些年，大量新贵不断出现，尤其是在互联网行业，明显地让人感觉中国草根阶层成功机会正在增加。年轻人改变阶层的通道，从以往在公务员体系里拼搏到多了一些创业之路，虽然任何一种竞争都是残酷的，但相对来讲，机会确实比以前多了。”这种变化在很大程度上是通过天使投资推动的。每天都在跟创业者打交道的张野，深谙创业者的内心世界，“有的人还没真正开始就放弃了，有的人已经失败了还在坚持寻找下一个机会。但无论在创业的哪个阶段，坚持都会有收获”。

把住房让给创业者办公

张野是地道的音乐科班出身，2003 年赴俄罗斯柴可夫斯基音乐学院留学，专业学习作曲，拿到了硕士学位。

“俄罗斯的音乐浑厚大气，学术风气也比较淳朴。当时也是机缘巧合，我有幸碰到了最好的导师，所以选择了去俄罗斯留学。”张野对《环球人物》记者回忆。2008 年，他参加第五届“普罗科菲耶夫国际作曲大赛”并获得大奖，这是中国人首次在此项比赛中获奖。

然而，音乐并非张野最终的事业所在。“我确实很喜欢音乐，但没有想把它当作一个事业来做。艺术是一个贴近心灵的事情，适合当作梦想而非事业。”

张野选择了从商。“最开始的时候做贸易，把俄罗斯的煤炭卖到中国来。那时赶上煤炭价格的黄金时代，赚了第一桶金。”随着业务的深入，他在投资方面的天赋逐渐展现出来，事业重心开始转向投资。“我们先是在南京做房地产债券投资，后来投资了中国东北的农业项目。那几年也很幸运，每一步都提前发现了趋势并且踩在了趋势上。”

2013 年，张野回国创立了青山资本，第一个项目投资了在线教育“作业宝”——一家专业的中小学试题答案解析网站。当时，这家网站的创始人刚从原单位离职创业，几乎一无所有。“我说没关系，我投你。”张野对《环球人物》记者回忆。直觉告诉他，面前这个人很聪明，有野心、有想法，最重要的是：他的眼神里流露出创业的“饥渴感”——这是后来被张野反复强调的成功创业者的特质。

创业者没有办公场所，张野让出了自己的房子。“我说你在我家里办公，也不用给我租金，我给你提供一些办公设备，帮你找人。”他们全天都泡在一起，研究技术、参加活动、了解行业、接触业内人士。“他晚上回家住，大清早过来，在楼下给我带两个包子当早餐，我们一起吃早餐一起聊项目。”这样过了将近一年，“作业宝”就被一家大公司收购了。张野没想到，青山资本出手的第一个项目就获得了成功。

以“作业宝”为起点，张野陆续投资了很多项目。他的优势在于对不同行业的趋势判断较准，每一个项目几乎都能在市场“风口”出现前半年到一年投出。这些行业跨度很大，但全部是互联网早期创业项目：美容业共享服务平台“美容总监”、游戏数据排名网站“捞月狗”、互联网保险“悟空保”……前后将近40个。到目前为止，这些项目或被其他机构抢投，或继续运营发展，保持了很高的投资成功率。

2015年10月20日，青山资本投资的汪峰“Fiil耳机”正式亮相，大受欢迎。与此同时，作为项目的操盘方，张野和青山资本也被推向了台前。

从不跟风投项目

面对记者，张野笑言自己是抱着“交学费”的态度来做投资的，结果“运气还不错”。对于自己远超行业平均水平的成功率，他认为诀窍主要在于对行业趋势和方向的判断技巧上，关于这一点，张野有自己的一套独特打法。

“从2013年初进入互联网行业，到2014年、2015年继续发展，我们从没有跟风投项目，也不在市场热的时候多投、市场冷的时候少投。我们就保持自己的速度，按照自己的方向去投。”张野认为，投天使项目一定不能投行业关注的热点。“当媒体和资本市场都在说O2O的时候，天使就不该投O2O了，因为风口已过。天使的风口应该早于风投半年以上。一旦一个行业被媒体关注、被风投在聊，这个行业就不再是天使的风口了。天使投资人要更有前瞻性，要去判断半年后、一年后哪个行业会是热点，提前布局。”

在张野看来，做天使投资必须对行业趋势有自己的独立判断，不能被外界舆论所左右，“要依据自己的判断去投资”。

但如何才能做出准确判断呢？“早期投资者需要对风口到来的时机有极强的预测能力，如果不能早于市场一两步的话，很难押宝成功。青山资本的判断逻辑是，发现技术变革所带来的变化，然后在产业链条前后寻找机会。”这显然是需要一定的功力才能做到的。“任何一个趋势都不是凭空而来的，都伴随着一些信号。你应该尝试去抓住，或者思考这些点，然后做一些布局。当然，这些信号事后看非常清晰，但当时是很模糊的。投资这种事情，一旦画面特别清晰的时候就没有了。当你什么都了解清楚、确定了，机会已经不在了。很多时候，投资就是雾里看花，从中找到你想要的利益。”

之所以选择“Fiil 耳机”，也是判断的结果。张野告诉记者，他和汪峰是聊得来的朋友，而且汪峰 11 年来一直坚持出自己的作品，“这种坚持和商业上的感觉让我非常欣赏”。另外，张野认为汪峰也具有很强的产品经理思维，对耳机品质的理解和专业度很高。“在我认识的人中，我不知道除了汪峰还有谁更合适做这件事。”

张野对记者坦言，一个创业项目要真正发展成一家企业非常不易，因为不确定因素太多。“说经历九九八十一难都不为过，任何一个企业，都有可能在任何一难中倒掉。不会因为汪峰有知名度，耳机就能成功。我们才刚刚开始，考验、波折一点都不会比别人少。”

“创业团队必须有一个精神领袖”

《环球人物》：中国经济目前下行压力很大，很多行业都在经历寒冬期，这是否会影响到天使投资的积极性？

张野：现在全球经济低迷，中国也面临着产业结构调整的大趋势，创业能在一定程度上缓解就业压力，促进资源再分配。在国家“双创”鼓励下，资本市场很热，很多初创企业动辄融资过亿。中国的个人创业主要集中在高新技术领域，相对于我国如此巨大的经济体来讲，这个领域还有很多进步完善的空间。寒冬到来的时候，创业和融资都相对理性，市场价格趋向于价值本身，所以我认为寒冬时期对天使投资并不是坏事情。

《环球人物》：有人认为中国大多数创业者缺乏核心技术、硬实力，你同意这种看法吗？

张野：中国在尖端技术领域的发展比较晚，无论是知识产权保护还是产业结构方面都需要完善，初创企业在核心技术、硬实力方面的确有待提升。但我们也看到，近年来很多创业者都是以提高核心技术和硬实力为己任的，正努力改变现状。另外，国家在政策层面也有一定的调整，所以我觉得前景还是比较乐观的。

《环球人物》：从事天使投资，圈子是否很重要？

张野：如果是个人做天使投资，圈子的确是很重要的。我们投资的项目，一半以上都是通过圈子得到的，剩下的一小半才是市场里的。这一点无论是在中国还是美国都一样，天使的圈子非常重要。

《环球人物》：对于初创企业来说，钱和人脉哪个更重要？

张野：初创企业应该先想办法做好产品，只有产品被认可了，投资人才会带着钱和人脉来跟你对接。你要不断地进行产品升级，不断满足用户越来越高的口味。产品创新力是任何企业都需要的东西。创业能否成功，归根结底是产品要够硬，让人喜欢才行，其他都是次要的。

《环球人物》：但你也说过创业要使巧劲，巧劲是指什么？

张野：巧劲是指提升效率，能产生事半功倍效果的方法。在创业这件事上，方向和切入点的选择、人员配置、产品设计、营销推广都有巧劲可使。不同行业要视其具体情况去寻找“巧劲”。比如，“泛娱乐”行业就要结合粉丝经济，才能发酵得快。产品刚做出来的时候，再好也没人知道，但粉丝经济能解决这个问题。当然，后边是不是真正能够推得开，真正被认可，还要看产品和运营，但第一步冷启动的问题解决了。大部分创业者都死在第一步，就是因为冷启动这个环节没有解决好。

《环球人物》：你见过众多创业者，最喜欢什么样的投资对象？

张野：我喜欢有个人魅力的。其实我对创始人的衡量指标非常多，是不是有想象力、执行力，是不是有学习能力，没有哪种能力是不重要的。

但要说最重要、因人而异的东西，我就喜欢创始人有个人魅力。这并不是说你要长得帅、漂亮，而是那种能够打动、吸引别人的感觉。只有能打动感染别人，才能让别人心甘情愿地跟你一块去做事情。在创业之初，你没钱、没资源、没背景，凭什么能招到比较牛的人？只能通过个人魅力征服别人。

创业团队必须有一个精神领袖，能够带领大家往前走、激励大家。个人魅力说白了就是领袖能力的一部分，团队中要有一个操盘手、掌舵者，这样凝聚力才会更好，更不容易倒掉。

（撰文：尹洁）

陈驰

陈驰：让短租更有人情味

人物简介：

陈驰，生于 1974 年，四川人，华西医科大学毕业。曾任奇虎 360、酷讯、赶集网等高管。2012 年 6 月，创办小猪短租网。

在北京，陈驰有套复式的房子。自搬进去那天起，他就拿出二层的房间做短租，如今已接待了 200 多位房客。这位资深“房东”就是小猪短租的创始人。

陈驰说，这些房客中，印象最深的是从德国回来看中医的陶大姐。因为住酒店太无聊，又不能自己做饭吃，陶大姐就想在网上找找有没有像欧洲一样的家庭住宿，结果就相中了陈驰的房子。陶大姐一共住了 40 多天。那些日子，有些洁癖的陶大姐不仅主动承担起家里的卫生，还常烧一些可口的饭菜“招待”他……这就是陈驰想做的“有人情味”的住宿。

在接受《环球人物》记者采访时，一位房客发来短信说周末会入住，陈驰告诉她“周末要外出，自己打开密码锁入住就好”。把家门敞开，让陌生人住进来，在今天很多人还不能接受，但陈驰希望把它变成一件再平常不过的事。

从身边人“下手”

小猪短租是国内真正基于共享经济模式的短租民宿在线预订平台。具体来说就是通过平台，让家里有闲置房间或者整套房子的个人，共享给有需求的陌生人，这种方式可以按天去共享，所以叫短租。这是共享经济范畴里比较典型的商业模式，它的鼻祖当属美国的 Airbnb，该公司估值已经超过 250 亿美元。而由于我国信用体系等方面的缺失，限制了房屋共享

C2C模式的发展，短租市场在经历了生死逃杀之后，小猪成为行业的领军者。

4年前，陈驰关注到Airbnb的商业模式。经过在互联网企业多年的积累，他感觉到这是个不错的创业项目。“我做的事，一定是那些互联网巨头做不了的或者不屑于做的，颠覆性足够强。它不是把传统酒店搬到线上，在没有信用背书，没有供应链的情况下，做出的东西很难模仿。”这时，赶集网也看好短租市场。于是，作为赶集网的内部创业项目，陈驰带着团队开始试水。

内部创业看似多了保护伞，没有太多压力，但问题也随之而来。陈驰说，互联网创业都追求速度，而他们做的事就是个慢活。当在一定时间内达不到公司预期或者跟整个公司的战略不一致时，项目发展就会受到限制。创业本就是件艰难的事，需要股权等有力的激励机制，这在内部也无法实现。

2012年6月，陈驰做了一个艰难的决定，从赶集网离职，创办了小猪短租网。本来情况很乐观，已经有资本投来橄榄枝，但真要拿钱的时候，对方犹豫了。70多人的团队，每天都要开销，当时只有200多万元，仅够维持一个多月。碰上这种情况，谁都得傻眼。但抱着对这份事业的信念，陈驰马上调整心态，去寻找其他机会。不久，小猪拿到了晨兴资本的投资。

资金有，短租市场也够大，可作为第一个吃螃蟹的人，怎么吃是个难题。陈驰首先要解决的是房源。当时，国内一些短租平台采用的方式是找短租公寓放到线上。在陈驰看来，这就脱离了共享经济的内核。他要给客户的是一个家，有丰富的体验，有个善待陌生人的房东，而不是一间短租屋。即使陈驰相信随着实名制和信用体系的完善，这种陌生人的交易模式可以被接受，但做起来远比想的要困难。

小猪的第一个个人房源就是一张普通的沙发。一次，陈驰在公司加班晚了，就在办公室的沙发上凑合了一晚。第二天，同事问他为啥睡在沙发上，一下点醒了他。“如果沙发都能租出去，房子不就更容易了。”随后，一位员工将家里的沙发放到了平台上“出租”，很快被租了出去。于是，小猪开始全体总动员。不但每个员工当起了房东，还把身边人也拉了进来。

陈驰先说服的是在成都老家的母亲。母亲开始不理解，但还是拿出一个房间做试验。做了一段时间房东后，母亲高兴地打来电话说："房客正陪着我散步呢。"陈驰说，这就是共享经济的乐趣，当你打开一扇门，实际上是给自己打开了更多的门。同样是二三百元的经济酒店，提供的房间大小和设置都可以想象，但在共享经济下，这个房子里可能有厨房，有精美的餐具，房东还可能留下很多书，或者来机场接你，给你送水果……通过这种口碑传播和团队的努力，小猪的星星之火有了燎原之势。

冒险的决定

如果说当初决定创业是艰难的，13 年前陈驰离开医院更是在冒险。陈驰毕业于华西医科大学，之后在学校的附属医院做了 4 年医生。在很多人看来，这都是可以做一辈子的职业。但陈驰很苦闷，他不想继续过着一眼看到老的生活。28 岁那年，他从医院辞了职，扔掉了金饭碗。陈驰说，离开时，未来该做什么，完全是个未知数，但就是这种不确定让他迈出了第一步。

陈驰走出医院后，做的第一份工作是医药公司的销售。以前是受人尊敬的医生，现在却要低下头求人，这落差只有他心里清楚。不过，最让他难受的还是父母。陈驰一直是父母的骄傲，因为家里出了一个医生。可在年近而立时，却什么都不要了，父母怎么也不安心。好在，医院的历练让他扛过了这段日子，销售很快见了起色。2003 年，陈驰进入互联网行业。两年后，他做到了雅虎西南大区业务总监。不久，公司被阿里收购，留下来是股权、丰厚的薪资和平坦的职业经理人道路。可这次，他还是没有按部就班地走。2005 年，陈驰来到北京，加入奇虎 360，成为这家创业公司的核心力量。陈驰说，之所以这样选择是想去经历更多挑战。"可能我性格就如此，到创业公司能学习到更多。”此后，随着互联网大潮，他完成了一步步积累，从酷讯高管到赶集网的副总裁。在经验、团队、心理等各方面成熟后，他开始创业。

在小猪的团队里，有不少员工跟了陈驰十来年，也都有期权。开会时，大家可以越级拍桌子讨论。“每个人都当房东，有一线经验，能发现不少问题。”当然，做过医生的陈驰要求更苛刻。他会时常挑毛病，比如为什么小猪的房屋照片没有 Airbnb 的效果好？有些房客可能一次定半个月，如果中间有一两天房东不愿出租，房客在搜索时该不该显示？

其实，陈驰是个和善的老板，在公司他“谈的更多的是战略和愿景，而不是绩效指标”。他说，这种宽松的管理方式是创业公司这个阶段要经历的。在对待个人房东上，陈驰更会把工作做到极致。如果想成为小猪的房东，不是有空闲房子，在线上提交就可以出租的。首先，个人提交申请后，小猪会做身份、房子的验真。如果房子有些小的瑕疵，他们会帮助房东进行软装的改造和床品的更换等。然后，跟房东进行沟通，对接待和服务做相应的培训。小猪的摄影师还要实地拍摄，将房子的图片更好地呈现在网上。如果房子很好，服务评分也高，就会进入小猪重点运营的房屋里面。而小猪收取的费用，只是房屋租金的 10%。

回到“熟人社会”

2015 年 7 月，小猪拿到 C 轮 6000 万美元的投资。平台上已有 5 万多个房源，超过 1 万名个人房东，覆盖了近 200 个城市。在房源质量上，也从一张沙发扩张到别墅等多种类型。其实，这个房源数字要比平台初期的数字少了一倍。陈驰说，他做减法的原因是清除掉了一些非共享经济的房源，即使速度慢一点，也要朝这个方向继续走。

陈驰认为共享经济有两大优势：一是它利用的是闲置资源，没什么成本。“比如你有个两室的房子，平常也许亲戚或父母来住 1 个月，那剩下 10 个月就是沉默成本，拿出来分享，还能获取一定收益。”二是它的体验很丰富，充满了人情味。“利用互联网，将房子和个人需求连接，这时候的供给就不再是标准化了。房东可能是律师、画家、医生，房客可以与他沟通交流，从他的阅历中去了解世界，体验就极其丰富了。当房东能在社会信用体系下对待一个陌生人时，这种住宿就充满了人情味。”

3 年下来，陈驰从未怀疑过自己做的事。他说短租是个窗口，可以洞察未来中国社会人与人之间的关系。通过实名制和信用体系的建设，能唤起很多人对人际关系的美好期待。“我们以前的信用体系是以熟人为基础的，我想做的是打破现在陌生人之间的隔阂，使信用成为新的基础，回到‘熟人社会’。今天不是我们的道德出了问题，而是机制有问题。有规则的话，人们自然会被调教。比如你在小城市坐公交车不排队，可在北京大家都排队时，自然就会遵守了。”

当然，在机制不健全的情况下，许多问题小猪必须得自己想办法解决。在安全问题上，小猪针对房客推出了《房客体验保障计划》，针对房东推出《个人房东财产保障暂行方案》，并和阿里旗下芝麻信用进行合作，在短租行业引入个人征信，对解决信用壁垒问题起到了积极作用。其实，小猪在线下与房东沟通，做的一系列服务，就是一个保障。即使 Airbnb 现在大举进入中国，做的也是中国游客的境外市场，因为国外完善的信用体系可以避免国内的诸多问题，而这也给愿意干“脏活累活”的小猪留下了市场。

陈驰说，从医院出来十几年，现在做的事就像船有了锚，可以让他定下来了。

（撰文：刘雅婷）

“蓝围裙”的三位创始人。左起：帕帕斯、萨兹伯格、瓦迪亚克。

“蓝围裙”：把食材和食谱送到家

又一只“独角兽”诞生了！近日，风靡全美的食材配送服务公司蓝围裙（Blue Apron）市场估值超过 20 亿美元，成功跻身“独角兽俱乐部”。在西方神话中，独角兽是一种珍稀动物，而在几万家初创公司中，估值能达到 10 亿美元以上的还不到千分之一，于是从 2013 年起，创投界开始将那些市场估值超过 10 亿美元的初创企业统称为“独角兽”。众所周知，餐饮服务业的竞争异常激烈，这家“蓝围裙”究竟是靠什么脱颖而出的呢？

牛排里发现商机

“蓝围裙”有三位联合创始人：首席执行官马特・萨兹伯格、首席产品官马修・瓦迪亚克、首席技术官伊利亚・帕帕斯。其中的灵魂人物是现年 32 岁的萨兹伯格。

萨兹伯格出生于美国新泽西的中产家庭，从高中开始，他的理想就是成为企业家。大学毕业后，他在黑石集团工作了 3 年，又获得了哈佛商学院 MBA 学位，之后进入老牌风险投资公司贝西默，为的是直接了解更多关于初创公司的事。“面试时，我告诉公司负责人，我早晚会离职创业，可还是得到了那份工作。”萨兹伯格回忆说。

在一次聚会中，萨兹伯格结识了帕帕斯——波士顿的一名技术顾问。两人一见如故，决定合伙创业。萨兹伯格迅速从贝西默辞职，并筹集到 80 万美元的种子资金。两人最初的计划是创建一个众筹平台，但很快发现这条路行不通。好在大部分资金还没有用，他们开始寻找新的创业项目。

萨兹伯格和帕帕斯有个共同的爱好——美食。“我们两个都非常喜欢食物，总是尝试新的食材和新的烹饪方法。”萨兹伯格说。有一次，帕帕斯打算做一顿阿根廷牛排，先是购买所需食材，然后摸索如何制作，前后忙了几个小时。他问萨兹伯格：“要是有人把分量刚刚好的食材直接寄给你，岂不是很棒？”萨兹伯格灵机一动，开始做市场调研。数据显示，美国人每年在食物上的花费达到1万亿美元，其中大约有4000亿美元是用于正餐，但在家里吃正餐的人中，只有不到60%是自己做饭，而在1985年这个比例是71%。

“人们在家里做饭时很难像厨师那样变换花样，因为要找到新的食材和烹饪方法，这需要很高的成本、耗费很多时间。”萨兹伯格说。他和帕帕斯决定，要提供一种精确的食材和食谱配送服务，让人们在家里就能做出餐馆里才有的特色美食。

分工合作+取长补短

理想很丰满，现实很骨感。当萨兹伯格和帕帕斯开始实施计划时才发现，他们虽然是资深吃货，却无法在实际中把控进货渠道和食材质量。萨兹伯格马上想到了另一位朋友——松露和牛油果批发商瓦迪亚克，此人曾就读于美国烹饪学院，在意大利做过厨师，擅长分辨各种食材的好坏，而且拥有最上层的进货渠道。接到萨兹伯格的邀请电话，瓦迪亚克欣然同意入伙，但他坚持公司名称要来源于法国厨师学徒的传统装束——蓝围裙。萨兹伯格和帕帕斯同意了。至此，三位合伙人全部就位。

2012年，“蓝围裙”网络配送服务正式上线。其宣传口号是：在全美提供新鲜食材和食谱配送服务，让消费者成为家庭厨师，在家里做出美味佳肴。这个目标迎合了消费者心理，订单很快纷至沓来，但怎么配送成了第一个需要解决的问题。

萨兹伯格从一开始就决定，配餐不找外人，全部由“蓝围裙”自己负责。公司设立了配餐中心，聘请正式员工，为的是控制食品质量，并不惜承担因此带来的成本。“初创公司都习惯聘用合同工，”萨兹伯格说，“我们从第一天起就不想那样做。”但他把送货的工作外包了出去，还通过数据分析来选择最便宜的送货合作伙伴。

“蓝围裙”与当地农场主建立了良好的合作关系，从而可以向消费者推荐更合适的当季食谱。24 小时之内，“蓝围裙”为用户寄送所订购的半成品食材、定量配料，并附上详细菜谱。收费标准是每人每顿 9.99 美元，寄送免费，并且可随时取消订单。如果全家一起订，价格可以降到8.74美元。

“很多人总想去外面结交适合一起创业的人，但我认为身边的亲密朋友合作起来更顺利。当然，前提是大家必须分工明确，发挥各自的优势。”萨兹伯格说。筹建“蓝围裙”时，三个人各自发挥特长：萨兹伯格找到以前工作的投资公司贝西默，拿到了 300 万美元的投资；瓦迪亚克凭借多年行业人脉，跟数百家农户和供应商建立了合作关系；帕帕斯则负责打造各种技术接口。正因如此，“蓝围裙”刚上线就有了稳定的客户增长量。公司进入发展期后，三人依旧分工明确：萨兹伯格负责吸引投资、市场营销和客户服务；瓦迪亚克负责把控食物生产和配送环节；帕帕斯开发软件追踪供货、广告，管理公司网络设备。

萨兹伯格认为，各有长处的创始人团队对于成功至关重要。“取长补短使我们在创业初期能够更好地分配工作、处理问题，并能从许多不同的渠道获取有用信息。”

跻身“独角兽俱乐部”

在 6 个月里，“蓝围裙”的服务已经扩张到了美国密西西比河以东几乎所有的地方。2013 年，“蓝围裙”建立了旧金山地区的配送中心，然后是泽西城配送中心，位于曼哈顿的总部规模也迅速扩大。当达拉斯建成第三个配送中心时，“蓝围裙”的服务已经覆盖全美，员工人数达到2600名。

2014年11月，“蓝围裙”每月的配送餐总量超过了100万份。2015年6月，“蓝围裙”完成1.35亿美元的D轮融资，市场估值超过20亿美元，成功跻身“独角兽俱乐部”。不过，萨兹伯格表示，这个称谓没有多大实际意义：“我们是一家只有3岁的企业。虽然公司已经实现了许多目标，但距离最终愿景还有很长的路要走，我想在未来10～15年还有更多工作等待我们去完成。”

目前，“蓝围裙”每月配送餐总量已经超过500万份。萨兹伯格的目标是打造全美最大的生鲜配送平台，公司正在开发新的订单软件和投资自动化技术。此外，“蓝围裙”还计划推出自创食谱，引进新配料和烹饪工具，使消费者真正提高厨艺水平，让烹饪新手也能做出美食。用萨兹伯格的话说：“我们的使命就是让每个人都能做美食。我们会进一步优化从食材配送到订单完成的整个流程，为顾客带来更高质量的服务，同时进一步扩大配送范围。”

有调查显示，美国人仍然喜欢自己做饭，只是觉得时间不够用。“蓝围裙”的出现既提供了外卖的便利性，也让用户能够在自家厨房一展身手。经过精确配比的菜肴最大限度地减少了浪费，也鼓励人们去尝试更多食材。或许“蓝围裙”所代表的就是食品行业的未来。

（撰文：肖遥）

朱莉・温赖特

“奢侈品中转站”的女掌柜

人物简介:

朱莉·温赖特，1957 年出生，毕业于美国普渡大学。1998 年参与创建知名宠物网站 pets.com，2011 年创建二手奢侈品寄卖网站 The RealReal。

就在半年前，还有网络媒体把朱莉·温赖特称为互联网行业的“风骚过客”，如今这4个字已显得非常落伍。的确，温赖特品尝过从巅峰跌落谷底的滋味。17年前，她参与创建的宠物网站Pets.com风光一时，网站标志一度成为互联网大繁荣的“吉祥物”；短短两年后，互联网泡沫破裂，“吉祥物”又迅速沦落为被嘲笑的靶子。尝尽世态炎凉后，温赖特重整旗鼓，创建了二手奢侈品寄卖网站The RealReal，这匹市场黑马已经获得了8300万美元的融资，2015年的营收将达两亿美元。如果知道温赖特2015年已58岁，你会怎么想？

“宠物女王”

当“90后”的创业神童们津津乐道于自己高中时的“丰功伟绩”，温赖特却已经云淡风轻地开口就从40岁谈起。因为她早年并没有任何创业经历，而是踏踏实实地做了近20年职业经理人。

温赖特毕业于以理工科著称的美国普渡大学。她的第一份工作是在加州消费品企业高乐氏从事品牌管理。“一天，有人带来一台苹果二代电脑，我第一次接触到程序，意识到其中蕴藏的巨大价值。于是我接受了一家软件公司的邀请，担任产品经理。”温赖特回忆说。30岁时，她跳槽到旧金山湾区的伯克利系统公司，任全球营销副总裁。这是一家新兴软件企业，连续两年出现业绩下滑。在温赖特的推动下，公司开发了一款名为“你不了解杰克”的游戏，成为当时美国最畅销的游戏产品。1996年底，她被

Reel.com 挖走，担任 CEO。这是一家销售好莱坞电影光盘的网站，两年里，温赖特使销售额从 40 万美元飙升到 2500 万美元。1998 年，Reel.com 以 1 亿美元的价格被收购。此时的温赖特已经在职场摸爬滚打了近 20 年，身价倍增，马上就被筹建中的宠物网站 Pets.com 锁定为 CEO。

当时第一代互联网企业风头正劲，“.com 公司”如雨后春笋般冒出来。1999 年，Pets.com 正式上线，专门销售各种宠物用品。网站主页设计得五颜六色，可爱的动物图片非常吸引眼球，产品更是五花八门，从狗粮到鸟笼子应有尽有。当时，全球电子商务还处于萌芽状态，在网上购买宠物用品让人们充满了新奇感，加上温赖特在品牌营销方面的深厚功底，Pets.com 迅速成为当时最火爆的电商之一，销售额节节攀升。网站标志——一只可爱的卡通狗家喻户晓，被制作成毛绒玩具大量销售，还出现在电视节目中。

那是第一代互联网公司最风光的时期，也是温赖特职业生涯的第一个高峰。她被媒体称为“宠物女王”，名利双收。“我眼看着公司资金从零增加到 4500 万美元。”温赖特回忆说。很快，Pets.com 上市，IPO 融到了 1.1 亿美元。一切都来得太快、太顺利，就像一辆超速行驶的机动车。

跌落谷底

2000 年，风向突变。膨胀过快的互联网产业变成了一个巨大的肥皂泡。上市的电子商务网站股价一片惨绿。曾被誉为“.com 金娃娃”的 Pets.com，在几个月的时间里销售业绩每况愈下，产品也越来越缺乏竞争力。网站运营到第二十个月时，已经亏损 1.47 亿美元。为挽救颓势，温赖特砸下 200 万美元在美国橄榄球“超级碗”大赛做广告，也没能吸引到客户。

Pets.com 的股票一蹶不振，最后跌到可怜的 75 美分。温赖特到处寻找资金，结果不仅投资者不愿砸钱，连想收购的人也没有。作为投资方和战略合作伙伴的亚马逊网站，对温赖特的收购请求也没有兴趣。“亚马逊还要解决自己的问题。开始时利益一致，并不能保证两三年后依然一致。”

温赖特事后这样解释。

没人想到，昔日风光无限的Pets.com居然沦落到无人问津的地步。温赖特走投无路：“融资环境干了，我只能把钱还给股东。”两年前对她赞誉不断的媒体，也下了新的结论：“没有钱花，又没有人肯娶的Pets.com终于厄运难逃、关门大吉。”

温赖特一直记得Pets.com倒闭那天的情形：2000年11月8日凌晨4点，几个月来承受了巨大压力的她被丈夫叫醒，告诉她要离婚。几小时后，温赖特开车来到Pets.com总部，遣散100多名员工，关门歇业。她卖掉了公司所有的存货、设备，还有最受消费者喜爱的网站标志。

“那时我简直生不如死。”温赖特回忆说。被聘为CEO时，她拥有3%的公司股份，按照IPO发行价，这些股份价值1000万美元。但网站倒闭时，她只拿到21.5万美元的红利和16.5万美元的遣散费，其中有5万美元红利还是董事会额外给的“辛苦钱”。

遭受事业与婚姻双重打击的温赖特“逃”到巴厘岛，调整了两周。在家人和朋友的陪伴下，她逐渐走出了“生命中最黑暗的时刻”。之后的10年中，温赖特形容自己过着“流亡般”的生活。“我写了一本书，做了一些演讲，创建了一家为女性提供健康指导的咨询公司，也因为美国经济衰退的冲击而倒闭。”但温赖特始终保持着积极乐观的心态。“那是一个缓慢的过程，至少每天都变得更好一点。”

东山再起

2011年，新机会出现了。“一位朋友买了高档奢侈品，我在与她聊天时问了一些问题，比如她是否在寄售商店买过奢侈品，是否从eBay（全球知名电商网站，类似淘宝）上买过。我知道eBay最大的问题是信誉，因为上面有假货。随着聊天的深入，我意识到，如果能解决奢侈品真假的问题，创建一个可信的奢侈品转售市场，那可能是一个数十亿美元的商机。”

在考察过一些女性精品时装店后，温赖特坚定了自己的想法。“很多有钱人不想费时费力地把用过的名牌服装或首饰放在 eBay 上出售、寄给买家。但如果有其他人代劳，他们就很愿意寄售这些物品。”

当年，温赖特正式创建了二手奢侈品寄卖网站 The RealReal。她把自己的家作为办公室，开始招兵买马。对于网站的定位，温赖特非常清楚。虽然很多网站都寄售二手服装，但极少有奢侈品。The RealReal 瞧不上二、三线品牌，只专注于爱马仕、普拉达、古驰等国际顶尖奢侈品。有数据显示，2014 年，仅美国市场的个人奢侈品销售额就有 737 亿美元。这为温赖特带来了巨大的商机，她填补了奢侈品市场的一个空白。

很快，大量物品汇集到 The RealReal。只要售卖者打个电话，温赖特就派专人上门评估鉴定、接收拍照、上线销售、包装送货，网站能获得售价 30% ～ 40% 的分成。2011 年，网站销售额达到 50 万美元，2012 年蹿升到 1300 万，2013 年接近 5000 万。这一次，温赖特没有花大价钱搞营销。公司做大后，她仅仅把总部搬到了旧金山湾区一间废旧的馅饼工厂里，一点都不豪华。

2015 年 4 月，网站获得 4000 万美元 D 轮融资，至此已累计融资 8300 万美元。温赖特表示，公司目前营利健康，无须外部资金支持，新融到的资金主要用于扩大业务规模，开拓海外市场。据《福布斯》估算，The RealReal 目前价值 3 亿美元。

现在，The RealReal 平均每月收到 13 万件物品，其中 80% 在上线一周内就被抢购。温赖特信心满满，“宠物女王”的荣辱已经成为过去。“一个好商人就像一个训练有素的运动员：赢过，失去过，回来，再做一次。对于创业者来说，犯错误是好事，会找到自己的学习路径。成功没有固定模式，我是个普通人，我不会停止。”温赖特说。

（撰文：肖遥）

乔治 • 齐默

齐默：67 岁再创业的潮爷

人物简介：

乔治 · 齐默，1948 年生于美国纽约，1973 年创办男士衣仓，曾任公司首席执行官、董事会执行主席。2013 年，被赶出董事会，后创立提供裁缝上门服务的 zTailors 和礼服租赁公司 Generation Tux。

贴身剪裁的西装、标志性的白胡子，乔治·齐默每次露面，都是一副街拍范儿。这位67岁的潮爷在美国做了40年时装，创办了知名品牌男士衣仓（Men's Wearhouse）。许多人认识齐默，是在男士衣仓的广告中。那位向顾客保证“你一定会喜欢上自己的样子”的绅士，就是齐默。

2013年，这位“倔脾气”的潮爷跟公司董事会吵了一架，结果和乔布斯一样，被自己创办的公司扫地出门。两年后，齐默带着新创办的两家公司——提供裁缝上门服务的zTailors和礼服租赁公司Generation Tux，重回时装界。

父亲领进门

这位时尚大亨并不是服装专业科班出身。齐默生在纽约的一个犹太家庭，大学读的是经济学，毕业后还当过代课老师。他涉足服装界完全是受父亲的影响。1970年，他进入父亲的服装公司，先后在香港和美国达拉斯担任采购员、销售员。

给父亲打了3年工后，齐默就想出来单干，创立自己的品牌。1973年，男士衣仓在休斯敦开了店。后来，齐默回忆起第一次创业时说：“那时候，我对做衣服并没有多大兴趣，但当时没什么钱，也缺少生活阅历，（但感觉）创办服装公司最可行。”

或许是从小耳濡目染，再加上学习经济，齐默懂得如何营销。男士衣仓主打的“合身”“为普通男士订制”的品牌策略，很快得到市场认可。当时，有媒体总结说：“齐默的西装专为那些谦逊含蓄的男士设计，他们都希望在打理衣服上少花些心思，而男士衣仓刚好满足了这方面的需求。”随着品牌知名度的提高，齐默也成了时尚界的风向标。即使坐在办公室里看报表，他也会一丝不苟地精心装扮。因为他的绅士形象就代表了男士衣仓的品牌理念。1986 年，齐默索性走上广告，自己为品牌代言。

2006 年，男士衣仓开始向欧洲市场扩张。先后收购了一家专门生产领带的服饰公司和英国一家著名的工装生产公司。到 2013 年，公司在全球的连锁店已达到 1200 多家，员工 1.5 万余人，市值 20 多亿美元，成了北美、欧洲家喻户晓的男装品牌。

一封辞退信

然而，一封信却让齐默跌入谷底。2013 年 6 月 19 日，他收到董事会的辞退信，上面却没写原因。当时，齐默还担任着董事会执行主席一职，一下子被扫地出门，立刻炸开了锅。10 天后，齐默终于出来面对媒体，他神情忧郁、低沉着嗓门说：“我一直关注着公司的发展，董事会却不听我的意见，才终止了我的任职。”而董事会这时也做出回应，说是因为齐默控制欲太强，虽然两年前就辞去了首席执行官一职，却始终不愿撒手，董事会才决定这么做。

无论什么原因，齐默还是出局了，被自己一手创办的公司抛弃了。他形容那些日子：“简直太煎熬了！”不过，齐默并没有一蹶不振。一天，在和家人一起吃饭的时候，他重新找到了自我。“我为什么不能再回到最擅长的领域？每个人的生活都不会一帆风顺，我们无法真正掌控这一切，但我能让自己振作起来。”

齐默的第二次创业仍然瞄准了时装市场。zTailors 主要提供上门量体裁衣服务，Generation Tux 专门租赁礼服。齐默把它们视为姊妹公司，二者可以互相配合，为顾客提供更合身的服装，这一点延续了男士衣仓的理念。另一点与男士衣仓相同的是，齐默又当起了新公司的代言人。在 Generation Tux 的官网上还写着“一家乔治·齐默的公司”。因为“乔治·齐默”就是活招牌，他做的衣服就有品质保证。

年龄不是问题

当然，这次创业齐默进行了大胆尝试和改变。2014 年，齐默用优步叫了几次车，互联网的强大力量让他深有感触，于是他把同样的理念引入服装业。zTailors 的商业模式与优步类似，用户在 zTailors 的移动应用上输入时间和地点，预约一位裁缝。裁缝上门后，根据客户要求，提供衣服修改和订制服务，通常一周内上门交付。每件的人工费从 10 ～ 100 美元不等，其中的 35% 是裁缝的酬劳。虽然，zTailors 投入运营只有几个月，但平台上已经召集了数百名有 5 年以上经验的裁缝，每天能接上百个订单。

而另一家礼服租赁公司 Generation Tux，齐默筹备的时间要更早。他花费了约 600 万美元，用来开发网站，在肯塔基州建配送中心，购置了 3 万件尺寸不一样的礼服和西装。他的想法是，顾客可以在网站上选择各式各样的礼服，以及与其搭配的领带、鞋子等，完成整个造型，享受一站式服务。齐默说：“大多数礼服在零售店陈列 3 次才可能被租出去，而把它放到互联网上，租赁更便捷，使用率也更高。”

在商场打拼多年的齐默深谙营销之道。很快，他拿下不少大客户。近日，zTailors 宣布，将接下梅西百货与布鲁明戴尔百货在线用户的服装更改需求。而 Generation Tux 也将进军伴娘礼服租赁业务。

由于两家公司都运营不久，业绩如何还不是很明朗。不过，投资家们对这位时尚大亨倒是信心满满。目前，两家新公司已经融到了 5000 万美元投资。齐默对前景也很乐观："如果 Generation Tux 生意很好，3 万件礼服可能无法像我们最初预想的那样满足需求。要购入额外的库存，以支持更多的需求，那时我们可能需要回过身，从投资者那里筹集更多资金。"

67 岁再创业，齐默并未觉得自己失去了什么，也知道其中的艰辛。"我不是一个喜欢捣鼓高科技的人，创业过程中必须不断学习，但只要内心有渴望，年龄根本不是问题。"

（撰文：毛予菲）

杨柳

“足记”：文艺青年的春天

人物简介：

杨柳，1979 年出生于上海，2001 年毕业于上海师范大学影视戏剧文学专业。2014 年开发手机应用“足记”，2015 年 2 月，应用迅速走红。

3月28日晚10点，杨柳终于给《环球人物》记者回电话，一开口就道歉："对不起，让你找了我一天。"杨柳开发的手机应用"足记"已经爆红两星期，但她和她的团队仍然每天处在警戒状态，不到晚上根本闲不下来，"因为现在服务器和产品都还不是很稳定"。

"足记"是一款可以告诉用户某地曾拍摄过什么电影、让用户分享这些场景照片的应用，不过它真正的爆红还要归功于2015年2月发布的"大片模式"功能，即用户可以将自己的照片设计成电影银幕的样子，配上字幕，立马文艺范儿爆棚。这个小小的功能马上吸引了大众的注意，3月9日开始，用户迅速增加，应用制作的图片塞满了朋友圈。10天不到的时间，"足记"便登上了苹果应用商店免费榜首位，堪称奇迹。

面对突如其来的爆红，36岁的杨柳受宠若惊："我2013年才开始创业，现在的状况是我完全没有预料到的。"

"跟着电影去旅行"

在"足记"的百度百科中，有这么一段文艺的话："没有故事的地点，终究是冰冷的。足记，带你了解脚下每一个地点的故事。"于是，"足记"的基因里自然而然地带上了"文艺"二字。在这个人人都想文艺的年代，这样的定位的确很吸引人，而文艺青年杨柳做起这样的应用，也的确是得心应手。

从高中时代开始，杨柳就在上海人民广播电台的一档青少年节目里做记者，“当时做学生记者也没什么报酬，主要是对编辑、文化等很喜欢”。后来因为对电影感兴趣，考大学时没有多少犹豫就选择了影视戏剧文学专业。因为是张国荣的影迷，杨柳在大学时就常混迹于张国荣的论坛，因此认识了同为“荣迷”的宇文卿，两人还一起管理张国荣纪念网站，组织策划各种线下活动，两个年轻人第一次感受到网络带来的成就感。

2001年毕业后，杨柳做了两年的大专语文老师。之后，她进入通信领域做内容，逐渐学习到产品和运营上的知识，“那个时候我就想，以后手机会不会像电脑一样，可以用很多软件”。

杨柳开始做手机应用是在2013年。最初，她和宇文卿一起做了个关于张国荣的应用，收到不错的反响后，她们便开始策划一个新的项目。“那时候看到有摄影师将自己的旅行地点安排在著名电影的经典场景之处，将这些场景的实拍照片与电影剧照透视重叠在一起，我觉得非常有趣，当时就想到了‘跟着电影去旅行’这个点。”

“每天有几千个用户就很开心了”

杨柳和宇文卿给新方案起名为“足记”，意为“让脚步跟随电影留下痕迹”。当时杨柳在微博上认识了一位程序员陈凯，把他拉进了团队。2014年6月，三人花了两个月做出了第一款“足记”，以定位和图片分享为主要功能，“那时候还只是一个很粗糙的小样，我们觉得只是自己玩玩的”。

真正让杨柳重视起这款应用的，是后来的天使投资人。2014年7月，杨柳把做好的小样拿给他们看，她以“战战兢兢”形容自己的状态：“其实他们也不清楚我们在做什么，但我觉得对他们一定要诚实，不能一直吹。”杨柳把自己产品的好也说一遍，不好也说一遍，最后没想到居然拿到了

250 万，“可能他们觉得我们比较实在”。

拿到资金后的杨柳给了自己 4 个月，要完成从招募人才到产品开发的所有工作。杨柳招募的第一人，是豆瓣名人 Fomalhaut，她曾做过根据英剧《神探夏洛克》按图索骥的伦敦旅游指南，在网上流传很广。之后，杨柳又招募了几位程序员，整个团队挤在上海静安区的创客中心。

2014 年 12 月，“足记”全新版本正式上线，不过没有获得很大关注，有投资人这样评价这款产品：“把影视和旅游文化做了跨行业整合，针对的受众群体相对高端，但这两个交叉行业的用户基数小，注定不会吸引很多用户。”

“那个时候每天有几千个用户就会很开心了。”正当杨柳苦恼之际，Fomalhaut 的一次无心之举，给了杨柳灵感：“当时她给大家拍了一张照片，自己做成了电影的感觉，我觉得这种效果是大家都需要的，回去就立马让程序员做了出来，没想到在软件上推出来后一下子就火了。”

“恐怖”的一星期

2015 年 2 月 7 日，“足记”的“大片模式”正式推出，当时“足记”的用户还不到 2 万。但从 3 月 9 日起，用户量突然暴增，日增长量达到 50 万。“很显然，我们的服务器和技术还跟不上。”杨柳甚至用“恐怖”来形容爆红后的那一星期。

因为爆红来得太突然，“足记”的底层架构没能承受住用户的疯狂激增，应用软件不断出现服务器崩溃、全线串号、不能注册、频繁闪退等问题。3 月 9 日开始的那一周，杨柳和她的团队几乎是没日没夜地补救，“那时候每天只睡三四个小时”。杨柳说，当时创客中心的其他团队会来帮助他们，还有许多云服务商主动找上门来。讲到那个星期，杨柳一方面是恐惧，另一方面是感激，“没有他们，我们很难熬过去”。

很多人担心与当初的“脸萌”一样，“足记”不过是应用市场上又一个昙花一现的产品，但杨柳很有信心：“大片模式的火爆应该持续不了多久，要保持高留存度，最关键的还是有东西可以让用户沉淀下来，并且符合用户的基本习惯，能够产生社交属性。”

现在的杨柳，除了每天应付日常的维护和时不时出现的服务器问题，还得忙于接待蜂拥而至的投资人和参观者。其中最令杨柳印象深刻的，是 2015 年 3 月 26 日上午上海市委书记韩正在调研时对杨柳的鼓励：“他让我们坚持创新、坚持梦想，我们觉得非常受鼓舞，我还邀请他拍了一张大片。”

杨柳计划，把“足记”的重点放在社交属性上。她希望，“足记”能带来的不仅仅是“大片”，还能让社交变得更加文艺。

（撰文：余驰疆）

“拾荒者”二人组 温莱特（左）和内维尔在工作室

“拾荒者”二人组：把牛仔裤做成奢侈品

在纽约这座潮流之都里，当所有人都在标榜时尚时，那些反其道而行的人倒显得更有时尚范儿。关于这一点，看看瑞格布恩（Rag & Bone）创始人——马库斯·温莱特和大卫·内维尔的办公室就知道了：没有光滑的大桌面，没有模特一样的女助理，甚至没有“极简主义”的家具。整个办公区透出浓浓的商业气息，毫不掩饰老板以营销为导向的业务模式，这在时装界简直是一种“反动”，来到这里的圈内人都有一种强烈的不适感：“你们俩可真是实打实做生意的啊！”

而今，这对好友在合作了十几年后，也迎来了“合久必分”的结局。作为瑞格布恩联合 CEO 的内维尔，最近决定卸任这一职务，准备去开发和投资新的品牌。这让纽约时装界感到无比惋惜，在他们眼中，这对搭档是“设计 + 营销”的完美组合。

“铁哥们”一起改行

现年 41 岁的温莱特和 39 岁的内维尔都出生于英国，少年时期都住在伯克郡的寄宿学校里。内维尔曾回忆：“我第一次见到温莱特大概是 13 岁的时候。他是一个自信的、招人喜欢的男孩。”但两人真正成为密友是在葡萄牙。当时温莱特在一家酒吧打工，遇到了前来度假的内维尔。“收工后我们躺在舞池里睡觉，还用酒吧的免费饮品去换当地美食。那段日子非常美好。”内维尔说，两人的友情从此变得“坚不可摧”。

高中毕业后，温莱特进入纽卡斯尔大学，内维尔去了杜伦大学。由于学校都在英国东北部，两人每周都在固定的酒吧聚会，毕业后又一起去伦敦找工作。温莱特很有商业头脑，在电信领域成立了自己的公司，内维尔则在一家投行当股票交易员。

几年后，因为受不了伦敦的天气，温莱特去墨西哥当了潜水教练，遇到了未来的妻子，很快随她到了纽约。在这座国际化大都市里，温莱特接触到形形色色的时尚人士，创业热情也被激发出来：“我想制作自己和朋友们每天都爱穿的牛仔裤。”

2002 年，没有任何时装业经验的温莱特注册了自己的品牌——瑞格布恩，这个名字来自英国俗语“拾荒者”，寓意随性、简约和舒适。不想单打独斗的他很快把好友拉了过来。“我很轻松地说服了内维尔来纽约，和我一起打拼。”温莱特回忆，“他的服装品位极好，一直比我更具时尚感。”

创业初期，两人几乎将全部精力放在如何做出完美设计上。然而第一款产品并不成功，最后只卖出了 50 条牛仔裤。经过几次失败，温莱特不敢再轻易尝试了。他跑遍美国，终于找到一家位于肯塔基州、以制作美式工装闻名的厂家。在这里，他和内维尔学到了服装生产的基础知识。

“我们和那些一辈子都在缝牛仔裤的女士坐在一起，从剪裁和制版一路学下去。”经过洽谈，这家工厂接下了瑞格布恩的订单，兼顾质量、工艺与实用性，销量终于打开。从这次“小而精”的合作开始，温莱特和内维尔的业务逐渐扩张。2004 年，这对搭档已经建立起完整的男装生产线，除了牛仔裤，还有 T 恤、衬衫和外套，并引起了纽约时尚圈的注意。

兼顾畅销与奢华

温莱特和内维尔深知营销的重要性，尤其是在时尚圈这个名利场，再好的设计也需要大腕的点拨与青睐才能打响知名度。好在两人都擅长社交，喜欢参加时尚圈聚会，结识了不少业内大佬，不仅获得了经验，也找到了投资。

安德鲁·罗森便是“贵人”中的一位。作为时尚品牌 Theory 的 CEO，罗森投资了很多纽约新锐品牌。2006 年，他为瑞格布恩担保了一项银行贷款，帮助品牌扩张，并持有公司 30% 的股份。更重要的是，他传授给这两个年轻人不少经营之道。

“罗森是我们的时尚教父和亲密战友。”内维尔接受媒体采访时说，“他告诉我们要专注于美国市场，尤其是纽约，否则就带着行李回家。”

为了脱颖而出，温莱特和内维尔强化了品牌特点——追求自由的个性设计、简约而舒适的穿着感受。在美国时尚杂志的牛仔裤推荐榜上，瑞格布恩的形容词总是“显瘦又舒服”，这两点正是女性消费者最看重的特质，尤其是那些紧紧包裹着腿部的弹性牛仔裤，在纽约街头风靡一时。

内维尔曾经说过：“我想告诉年轻的设计师，除非你很有钱，不然就得设计出能够畅销的款式。我和温莱特白手起家，对这一点深有感触。”在促进流行这一点上，名人效应也起到了很大作用。美国超模米兰达·可儿、中国超模刘雯都曾为瑞格布恩拍摄广告。好莱坞的大牌明星，如安吉丽娜·朱莉、卡梅伦·迪亚兹、布拉德·皮特、裘德·洛也都是该品牌的忠实粉丝。当维多利亚·贝克汉姆穿着瑞格布恩的紧身瘦腿牛仔裤逛街时，这个品牌也随着狗仔队的照片传播到了全世界。

2010 年 6 月，温莱特和内维尔获得美国时装设计师协会颁发的年度男装设计师大奖，他们的品牌专卖店也从纽约拓展到全美、欧洲和亚洲。同时，两人意识到，产品价格应该拉开档次，让顾客既可以买到 2000 美元的真皮夹克，也可以买到 100 多美元的基本款 T 恤和牛仔短裤，满足那些追求名牌但购买力有限的年轻消费者。

2016 年上半年，瑞格布恩的整体销售额上升了 20%，预计全年会有 3 亿美元的收入。一位奢侈品营销总监这样评价：“温莱特和内维尔具备许多天才设计师缺乏的商业素质，他们所做的是零售行业最重要的一件事，就是让收款机响起来。”

单飞不影响合作

合作十几年，温莱特和内维尔的关系并没有因为金钱而变质，他们一直是公司的联合 CEO，友情也一如既往。

“我们能成为好搭档的原因在于有共同的追求、相似的品位，在生意上和生活中都是亲密的伙伴，能一起成长。我的性格消极一些，内维尔比我更乐观，我们是互补的。”温莱特这样解释。

内维尔则透露，这么多年来，两人极少有争论的时候，更不用说吵架了。“我们知道怎样激发彼此的潜力，将乐趣融入工作。我们相互支持，这让人很有安全感。”两人的生活方式也极其相似：作息时间、休闲娱乐甚至朋友圈都是高度一致的。

不过，内维尔对太太可能更上心一些。这次他之所以要卸任联合 CEO 的身份，就是为了帮妻子创办化妆和护肤品牌。另外，内维尔也想物色新的品牌进行投资。卸任后，他仍将参与瑞格布恩的设计与营销工作，并且依旧是品牌的最大股东之一。

这样一来，温莱特就要一个人挑大梁了。从目前的发展势头看，公司前途仍然一片光明。瑞格布恩已经集男装、女装、童装、手袋、鞋履为一体，2016 年继续增设店铺，6 月还新鲜出炉了最新一季的广告大片。接下来，温莱特唯一要适应的就是缺少了内维尔的工作状态，但过去积累的经验让他信心满满：“我们成功的秘密就是找到了商业与艺术的平衡。”

（撰文：尹洁）

菲利普·克里姆

克里姆：把床垫塞进高尔夫球包里卖

人物简介：

菲利普·克里姆，1983 年出生，2006 年毕业于美国得克萨斯大学奥斯汀分校。在校期间开始创业，2013 年创立 Casper 床垫公司，并担任 CEO。

对于都市上班族来说，睡眠质量不佳是困扰很多人的问题。这也让不少科技创业公司看到了商机，其中大多数都致力于开发五花八门的APP，比如监测用户睡眠状态的、跟踪用户睡眠数据的。但是，仅仅告诉他们“你睡得不好”没有什么用，能切实改善才是根本。这也正是美国新晋创业公司Casper全力以赴的事业，它重新设计改造了看似不太起眼的“硬件”——床垫，结果只用了短短一年时间，就打开了市场，不久前获得了5500万美元（约合3.6亿元人民币）的B轮融资，其中一位投资人还是大名鼎鼎的好莱坞影星莱昂纳多·迪卡普里奥。能让大明星青眼有加不容易，Casper的创始人菲利普·克里姆有什么绝招？

开发有科技含量产品

作为一名商业管理科班出身的CEO，克里姆大多数时候看上去有点不修边幅，衬衫领子支棱在羊毛衫外面，笑起来的时候露出一排白牙，有种“天然呆”的神情。

2001年，克里姆进入得克萨斯大学奥斯汀分校，在红麦库姆斯商学院主修商业管理和市场营销。其间，他还辅修了不少哲学课程。大二那年，克里姆就在自己的宿舍里创办了一个电子商务网站——“梅里克公司”，专门在网上卖床垫。凭借自己的专业知识，克里姆把这家网站运营得不错，虽然那时他卖的都是普通床垫，却为后来的创业奠定了资金和技术基础。

克里姆的商业嗅觉十分灵敏，对消费者喜好非常了解。随着互联网的迅猛发展，电子商务开始让线上和线下直接对接，传统商业的中间环节变得不再重要。这让克里姆意识到，床垫可以有新的卖法。

2013年8月，克里姆注册了一家全新的床垫公司——Casper。他的第一步计划是开发一款新产品，必须是目前市场上从未有过的、具有科技含量的新型床垫。他组建了一个创始团队，其他3名成员来自著名的工业设计机构。他们的设想是研发一种舒适度更高、弹性更强，让人能很快入睡、消除疲劳的床垫，还要足够便宜。

此外，产品还要与销售挂钩。传统床垫体积庞大、笨重，型号繁多，消费者即使从网上购买，也往往要先去实体店挑选适合自己的，甚至要试睡一下，这些都提高了商家的销售成本。克里姆从一开始就决定省去这些环节。他希望新产品无须挑选就能让大多数消费者满意，而且一定要轻便、容易运送。

带着这些目标，设计团队进行了大量试验，最后锁定了一种太空记忆海绵。这种材料来自航天领域，拥有极高弹性，又不会过软，适用于绝大多数人的骨骼结构。

克里姆将这款新床垫命名为“Casper智能床垫”，大约10英寸厚，分成三层，底层是普通海绵，中间是太空记忆海绵，最上层是乳胶海绵。通过机械压缩，床垫的体积还不到完全展开后的1/3，卷起来可以直接塞进高尔夫球包。这为后面的运输环节提供了极大的便利。

颠覆传统产业链

对克里姆来说，销售模式和产品质量同等重要。在移动互联网时代，商家之间比拼的一个重要指标就是便捷高效。Casper智能床垫完全采用网上下单、快递到家的销售模式，把一切简化到极致。

2014年，Casper智能床垫正式上线销售，第一个月就产生了100万美元的销售额。由于公司位于纽约，克里姆承诺为当地顾客提供下单两小时内送货上门的服务，这种速度也大受年轻人的欢迎。

业界普遍认为，乳胶是目前最好的床垫材料，也是最贵的材料。在美国，传统乳胶床垫的价格相当高昂，通常在1500美元左右。其中不小的差价来源于整个产业的层级利润。Casper诞生后，克里姆公开表示，他的目标是通过网络直销和“零差评”的消费者体验，在床垫产业发动一场彻底的革命。

“我们和生产商直接对接，去掉了中间商和卖场，直接面向消费者。”克里姆对媒体说。由于去掉了大部分不必要的开支，Casper的普通双人床垫售价只有500美元，特大号床垫也只卖950美元。“大公司不会真正给消费者带来实惠利益，”克里姆说，“我们这种创业小公司却可以为大众做出普遍适用而且舒适的东西。”

据克里姆介绍，全球床垫市场的销售额到2017年有望达到246.5亿美元，其中记忆海绵床垫将会是发展最迅猛的一个分支。很多业内人士认为，随着Casper这种新型公司的出现，床垫业将成为下一个被颠覆的传统行业，甚至有人预测，当人们习惯于在网上购买床垫后，将会有一半左右的传统企业被淘汰。

抓住年轻人的关注点

2015年6月，Casper获得了5500万美元的B轮融资。在投资人名单里，包括不少好莱坞大腕——莱昂纳多·迪卡普里奥、托比·马奎尔、亚当·莱文。这些明星和专业投资机构一样，都看好Casper的商业模式，也对克里姆的经营才能颇为信任。

“Casper的异军突起要归功于它成功的、创新的商业模式。”一位投资人说，“克里姆的客户只要点击按钮就行了，不需要人和人之间的扯皮。床垫可以在几小时内完成从采购到交付的整个流程，而且价位中等，还提供100天的试用期。所有这些都抓住了年轻人的关注点，这是它能获得很多名人支持的原因。”

现在，克里姆的“野心”很大，他希望自己的床垫能在未来覆盖每一个消费者。Casper计划利用其现有资金6950万美元，扩大生产、提高质量、加快产品上市。这些投资将推动公司进一步创新，克里姆接下来要建设Casper实验室，招聘工程师，进行更多测试，用更短的时间推出新一代产品。

来自消费者的呼声也是巨大的动力。“自从推出智能床垫，我们就收到海量的睡眠产品需求反馈，这些信息都快把我们淹没了。从枕头到拖鞋，客户希望我们探索每一个产品类别，只要能获得高质量睡眠就行。我们很乐意在卖床垫的同时，开发更多新产品，并把这些产品推向更多的消费者。”克里姆说。现在还无法判断，Casper的枕头和拖鞋是否会和床垫一样成功。但可以肯定的是，它将继续扩大在睡眠产品市场的份额。

“消费者是最好的资源。我们的成功很大一部分来自口碑推荐。我们会不断跟进，让消费者参与企业发展。”克里姆说。在他眼中，床垫市场是一块巨大的、潜力无限的肥沃土地。

（撰文：肖遥）

2013 年，普朗克（前）带领员工在美国总部宣传安德玛的产品。

普朗克给“美国队长”穿上紧身衣

酷炫的颜色，紧紧包裹着身体，让人一下子找不到拉链在哪儿，这就是当下最吸引眼球的运动品牌安德玛给人们留下的第一印象。这个创立于1996年的行业新星，2015年的营收已经超越阿迪达斯，成为仅次于耐克的世界第二大运动品牌。目前，在高性能紧身运动衣市场上，它以75%的市场占有率高居榜首。更让竞争对手头疼的是，安德玛的触角正在从紧身衣伸向全方位的运动装备，因为它的创始人凯文·普朗克的梦想是“在全球所有重要市场都成为龙头老大”。

汗衫里的商机

如果相信中国俗语“7岁看老”，那么普朗克应该根本当不了企业家。连他自己都承认，上学的时候脑子不怎么灵光，四肢倒是很发达，充满了攻击性。

“我是家中5个孩子里最小的，从小到大一直同4个哥哥打架，这给我带来了极大的竞争感。”普朗克回忆说。幸好，殷实的家境让他没有中断学业，还凭借橄榄球的特长考进了马里兰大学。

美国橄榄球运动非常发达，马里兰大学的球队在全美拥有很高的知名度。身体强悍的普朗克在球场上表现突出，几年后成了当地小有名气的体育明星，但他也烦透了在比赛中一次次换下汗湿的运动衫。这种棉质T恤很容易被汗水浸透，既沉重又黏身，让人非常难受。普朗克希望能找到一种干爽的面料取代棉布，于是一有时间就往裁缝店跑，测试各种面料的坚固性、防水性和舒适度，最后选中了涤纶和莱卡。他决定注册一家公司，把想法变成现实。

1996 年，普朗克大学毕业后在外祖母的地下车库里创建了安德玛。在学会剪裁后，他很快有了第一个产品。这款轻软的 T 恤以涤纶纱线为材料，能通过纤维管道让汗水迅速挥发，易干易洗。随后，普朗克开始了一边制衣，一边推销的日子。

第一批用户是普朗克的部分高中队友和大学队友，这 20 多人都成了职业橄榄球运动员。普朗克给他们寄样品 T 恤，期望朋友们能尽快帮他打开市场。创业第一年，普朗克刷爆了信用卡，1.7 万美元的积蓄消耗一空；第二年，公司收入 1 万美元，普朗克有了信心；第三年，安德玛得到专业人士的认可，销售额飙升到 40 万美元。

现在，安德玛在全球共拥有 1.35 万名员工，年销售额超过 40 亿美元，成为美国家喻户晓的品牌。在强手云集的专业体育用品领域，安德玛的市场占有率为 31%，仅次于占比 36% 的耐克。2011 年，普朗克冲进福布斯最年轻亿万富豪榜前十名，是榜单里唯一从传统行业杀出的企业家。

“硅谷的新威胁”

安德玛的成功得益于 3 方面的有机融合：专业人士、名人效应和科技含量。

从诞生之日起，普朗克就瞄准了专业运动人员。在潮湿炎热的亚特兰大，他把 T 恤卖给了乔治亚理工大学橄榄球队；在沙漠附近的凤凰城区，他说服了亚利桑那州立大学。随后，属于美国橄榄球联盟的专业球队——亚特兰大猎鹰队也穿上了安德玛的服装。在建立了良好口碑后，选择安德玛的专业球队越来越多。

其实，在“紧身”“吸汗”等特点上，普朗克抓住了当时的市场空白。像耐克和阿迪达斯这样的行业巨头，长期关注大众群体，习惯于引导消费潮流，反而忽视了一些市场痛点。安德玛出现时，市场上还没有同类产品。普朗克解决了几个关键问题，产品价格又相对低廉，对于专业球队的日常训练来说，是性价比更高的选择。

同时，普朗克在营销手段上也花了很多心思。随着公司利润的增长，他把大笔资金投在了广告上，电影、电视、体育赛事，安德玛的广告植入无处不在。其中最有效果的就是在好莱坞电影《美国队长 2》和《复仇者联盟 2》中，观众看到的是身穿安德玛的超级英雄拯救世界，这对青少年消费者来说简直是潜移默化的“洗脑”。

还有代言人的选择。普朗克只挑全球顶尖运动明星，特别是那些对粉丝具有极大号召力的领袖人物。比如在 NBA，他签下了带领球队夺得总冠军的库里，结果让安德玛在篮球市场的销售额飙升了 7 倍。

为了“抢人”，普朗克可谓不惜重金。2015 年，他以 4 年 1500 万英镑的价格从阿迪达斯手中抢走了穆雷，这位英国网球“一哥”为安德玛打开了一扇新的财富之门。

除了体育明星，演艺大腕也是普朗克的重点目标。2015 年 4 月，安德玛进军女性服装市场，代言团队里就有著名超模吉赛尔·邦辰，宣传效果丝毫不逊于运动明星。

最为人津津乐道的则是普朗克对科技含量的追求。传统运动品牌无论做得多么大，也得承认自己是个服装公司。但普朗克却把安德玛打造成一家科技企业。在公司的创新实验室里，科技团队不断进行各种测试，寻找对人体最佳的材料，或者设计不同的运动场景，研究人体拉伸数据、分析步态，甚至尝试把可穿戴设备与运动材料结合起来。

在普朗克的推动下，安德玛的科技投入比重越来越高。尤其是在高性能紧身衣领域，现在研发一种新衣料平均要耗费 18 个月。2015 年，公司发布了“联动健身”产品组合，包括智能鞋类、体重计、心率测听器、耳机和健身追踪器。以至于福布斯发文称，安德玛已经成为“硅谷的新威胁”。

瞄准中国市场

虽然在美国市场大获成功，但普朗克也因此产生了惰性。多年来，其海外市场的开拓步伐一直非常缓慢。直到2011 年，安德玛才进入英国、中国、日本市场，但知名度和影响力远不如本土。

近几年，随着欧美市场的低迷，普朗克感受到中国市场的巨大潜力，开始积极布局。2015 年 9 月，他带着库里来到北京、上海和重庆，大力宣传安德玛。其间普朗克宣布，短期内将在中国开设 30 家新店，显示出对发展中国市场的决心。

然而，体育行业的资深人士提醒普朗克，安德玛在中国市场不会像在北美那么容易。由于耐克和阿迪达斯在中国已经相当成熟，短期内很难被新兴品牌撼动。而且中国消费者对于新品牌的接受时间要比欧美消费者长，更重要的是，中国人对专业运动装备的购买热情远不如西方人。

尽管如此，普朗克却很有信心。他多次提到自己早年从一位中国商人身上学到的准则：“我的激情是打造地球上最大、最时髦的品牌；我的视野是要集中精力，确保没有任何东西阻碍我们做事；最后，我希望能有最优秀的人才。”

普朗克表示，安德玛在中国市场不会急功近利。“你所做的必须能保护品牌的名声。如果做了抹黑的事，即使产品短期还能卖得出去，以后也长不了。只有尊重消费者的品牌才能最终生存下来。”

普朗克对于中国消费者的心理也有自己的独特理解：“人们运动时穿什么给别人看，决定因素太多了，但当他们脱下外面的运动装，里面穿的会是他们认为对自己身体最好的选择，那就是安德玛的胜利之源。”

（撰文：沈佳）

是拉差创始人陈德。

越南“老干妈”征服美国吃货

人物简介：

陈德，1945 年出生于越南西贡北部小城隆平，祖籍广东。1978 年偷渡至美国，后于洛杉矶创办汇丰食品公司，旗下产品“是拉差”成为全球销售量最大的调味料。

“一瓶辣酱能吃五六个月，我又不打广告，这么多辣酱到底哪里去了？”这是纪录片《是拉差》中，陈德略带幽默的自述。在美国洛杉矶华美博物馆，这部纪录片正在“是拉差之夜”的主题活动上放映。大批铁杆粉丝来到现场，为这瓶叫“是拉差”的辣椒酱捧场。

你可能也在街角饭馆的餐桌上，或者超市专柜里见到过这种戴“绿帽子”的塑料瓶辣酱，瓶身还印着五种文字的食用说明……如果说中国老干妈辣酱被国人视为无法逾越的经典，能和它比肩的恐怕就只有在全球卖断货的“是拉差”了。

“偷渡客”变身辣椒大王

“是拉差”最初源自盛产辣椒的东南亚。这是一种调和了辣椒与大蒜，味道辛辣刺激的糊状物。其特点在于口感比大多数辣酱醇厚，但又不至于遮盖食物本身的味道。

对于全世界那些无辣不欢的吃货来说，“是拉差”是圣经，那发明它的人——陈德就是上帝。陈德祖籍广东，1945 年出生于越南一户普通农家。五六岁时，他跟随父母一起种植辣椒，后来又帮助哥哥看管辣椒园。对辣椒的深入了解激发了陈德自创辣椒酱的念头，通过不断尝试，短短几年，陈氏辣椒酱已经成为当地越南河粉店、海鲜店的畅销品。

但是越南的传统饮食文化比较喜淡，消费者并不热衷为刺激食品埋单，陈德的生意时好时坏。于是，他将目标慢慢转向了外国人，越南战争期间，陈德将自制的油浸辣椒酱拿到美军营地和附近店铺出售，大受欢迎，这次成功深深触动了陈德，他开始思考今后的人生。

1978 年，陈德用卖辣椒酱攒下的积蓄买了船票，偷偷带着家人乘货轮“汇丰”号离开越南来到美国。为纪念这次改变自身命运的旅程，陈德将这艘货轮的名字作为公司名——汇丰食品公司，以提醒自己不忘初心，不忘过往。

创业的初期总是艰难的，初到异乡的陈德更不用多说。但“不管多难，只要闻到厨房的辣椒味，一天的生活就很充实”。一间棚屋，一辆破车，这就是陈德创业的新起点。每天一大早，他开着车从大市场购买辣椒和其他原料，因为美国人不喜欢红辣椒，批发市场的红辣椒并不多，陈德就挨家挨铺敲门，一户一户砍价。至今，陈德依旧保持着每天早上 6 点检查工厂的习惯，进货、选料、混制，辣椒成了亲密伴侣，陪他迎接每日清晨的阳光。

随着亚洲菜系主题餐厅在洛杉矶地区流行，越来越多的饭馆把“是拉差”辣椒酱摆在桌上，供食客随意取用。1987 年，由于生意扩张，辣椒酱生产速度已跟不上市场需求，陈德便买下一座占地 6000 多平方米的厂房，又租了一片地种植辣椒。

被宇航员带上太空

如今，无论是在纽约名厨餐厅、街头快餐赛百味、沃尔玛门店，你都能找到“是拉差”。美食作家兰迪·克莱门斯甚至专门为其出版了《是拉差食谱》。慢慢地，“是拉差”的影响力甚至超出饮食界，美国真人秀节目《幸存者》里，每个去荒岛求生的选手行李包里都装上一瓶。科学家发现宇航员在太空中味觉迟钝，需要辣椒的刺激，因此 NASA 的食品科学部门也将“是拉差”辣酱列入太空补给，送上国际空间站供宇航员享用。

“是拉差”越来越国际化，有人建议陈德适当减少辣酱的辛辣程度，或者把味道调得更甜一些，来迎合不同国家顾客的口味。陈德也曾犹豫：“越南的工艺制作，卖给欧美人，到底行不行？”不过，“人虽有肤色性别之分，对美好事物的感知却不会变”，于是他决定坚持以前的总体工艺不变。“辣椒酱就是要辣。如果你不喜欢它，就少放点，我们做的可不是蛋黄酱。”

陈德相信，他的辣椒酱风靡全球，只因为他做了最本真的事。比如在原料和细节上下足功夫，只选用新鲜辣椒直接加工，不加任何色素、水分，百分之百实打实。从辣椒的采摘到加工，陈德要求不得超过两小时，“除了新鲜，我们没有秘诀”。

陈德把“是拉差”看作是一种信仰，“30多年来，每当看到人们吃辣酱时的喜悦心情，我就充满动力”。他希望这种信仰能代表幸福，代表口碑。陈德给汇丰员工的工资远超出行业水准，100%的医疗保险：“我相信我对员工的投资会转化为优质的产品与良好的服务。” 现在，这种卖40元人民币一瓶的辣椒酱，每年可以出售2000万瓶，收入近亿美元。光是管理新鲜辣椒，陈德每年都要雇300人，采摘六七万吨回来。

30年没涨过价

成立30多年来，陈德的汇丰食品公司一直坚持两个传统：第一是不做广告。公司从没雇佣过一个销售人员，也没有脸谱、推特账户，2004年后公司网站干脆也不再更新。可以说，“是拉差”辣酱广受好评，完全得益于人们的口口相传。第二就是永远不变的价格——是拉差30年没涨过价。小瓶5美元，大瓶11美元。“利润永远不是最值得考虑的事儿。”

俯身与最普通的消费者对话时，商机也慢慢出现。“是拉差”找到了一种既不涨价，又能赚钱的“新玩法”——打造成超级IP，陈德的初衷也很简单，“就是想让消费者和公司员工都满意”。他大幅扩展了“是拉差”的产品线，除了辣椒酱，同时还生产牛肉干、葵花子，甚至还与其他工艺品厂家合作，生产印有红公鸡 Logo 的衣帽、玩具和小饰品，作为周边产品出售。

不光是产品亲民，在发展战略上陈德也一改亚裔企业家保守的传统，积极引入监督，加大生产透明度。2013 年底，陈德被当地居民起诉，称其工厂碾磨辣酱产生了烟尘，散发刺激性味道。听到这些指控，陈德索性开放工厂，组织当地居民定期前往制作厂房参观，甚至把“是拉差”的秘制原料大蒜做成巨幅图片挂在门口。在接受采访时，陈德说：“我们是一家食品企业，会更加紧密地拥抱社会，我们向公众打开工厂，让大家看看我们做的是辣椒酱，而不是催泪瓦斯。”

历经风雨的陈德迈入古稀，他正训练自己的孩子接管公司，此外他还不时上上社交媒体，但不发言，只是瞅着那些“令人满意”的善意戏谑哈哈大笑。

（撰文：蔡爽）

川久保玲

川久保玲：开快闪店“打游击战”

人物简介：

川久保玲，1942年生于东京，毕业于庆应义塾大学。1973年创立COMME des GARCONS服装品牌，展示了一种革命性的新型穿衣方式，自2004年起，在全球开设20多家品牌游击快闪店，创造了销售神话。

如果你在街角看见这样的一家店：门面上印着国际大牌 Logo，走进发现，店堂的装修并不华丽，一排排高档成衣、名贵包包摆放得紧凑甚至拥挤，有点像大排档。不过这可不是一家水货店。仔细看看，这里的过季产品有 30% ～ 50% 的优惠，但都是货真价实的奢侈名牌。一个月后，又拐到这家店的时候，你也许会再次尖叫——该店已人去楼空，犹豫不决的包再也回不来了。

这种在特定地点、利用有限时间给大众带来不一样购物体验的“游击快闪店”已经悄悄出现在了各个角落。快闪风潮席卷全球，成为从优衣库到爱马仕都青睐有加的营销手段，这要归功于日本时尚教母川久保玲。2004 年，她在德国给自己创立的品牌 COMME des GARCONS 开了第一家快闪店，一年后“准时”关门。随后，这就成为川久保玲的品牌拓展战略，陆续在巴塞罗那、赫尔辛基、雅典、斯德哥尔摩、新加坡、纽约等开了 20 多家店。现在，打游击快闪战术的时尚品牌还有耐克、香奈儿、路易威登等，以此刺激消费、宣传造势。

“我造衣，我也是生意人”

当然，更多人知道川久保玲是因为她的设计师身份。20 世纪的日本诞生了两位国宝设计师，一个是山本耀司，另一个就是这位永远一身黑，留一头不对称齐肩短发的“川姨”。COMME des GARCONS 成立于 1973 年，20

世纪80年代，她带着名不见经传的作品踏上巴黎秀场，时装巨头们都惊呆了。模特发如枯草，身着破洞黑衣，弥漫着乞丐风。法国设计师“老佛爷”却认认真真称赞“她改变了时装美的定义。”

保持战斗状态的除了设计作品，还有川久保玲本人。美国时尚界给了她“流行先锋”的称号，赞美她在服装设计上开创新意，在经营品牌时也独具慧眼。她曾说：“我造衣，我也是生意人。”

2004年，川久保玲的第一家快闪店开在柏林旧城区。丈夫约菲陪她一同去德国考察。约菲说，他们被旧城区的真实感深深吸引，尤其是一家叫MonsieurVuong的越南面馆，年轻人和老年人聚集在这里。还有Elternhaus俱乐部，是艺术家的聚会胜地。“没有豪华的装饰，但满足感令人很愉悦。”

当年10月，川久保玲和约菲就决定，在这里开一间同样有情调的店，售卖自己的品牌服饰。他们选了一家旧书店，花700美元租下65平方米的小门面。但拟定的计划是只开1年，用不那么昂贵的方式卖过季成衣。不仅租金低，其他成本把控更严格。装修费仅2000美元。为了更有当地特色，川久保玲请来越南面馆的老板一起装修，还冒险让一个学建筑设计的学生一同经营。有人说，正是因为旧城区的时装店颠覆了传统商业区的地点崇拜，平民集市风格与奢侈风格的反差效果强烈，商品放在很低的桌子上展示销售，闲逛的顾客们很容易动心带两件回家。

很多年后的采访再提到快闪店的创意，川久保玲说，因为创新才是COMME des GARCONS的宗旨。“不管我们做什么，一件夹克、一份邀请函、一家店或是一个策略，都会力争发扬这个宗旨。快闪店也是出于这样的考虑。”当商店销售正热时硬是把它关掉的确是一件很蛮横的事。但时装是“朝生暮死”的行业，往往在体会成功的那一刻就是开始走下坡路的时候，因此不能居安不思危。

“漫不经心”藏商机

游击快闪店的成功远超川久保玲的预料，短短一年清空了库存，并且凭概念营销收获了新用户。她开始打游击战，先后在全球 20 多个城市攻城略地、屡战屡捷，库存货都成了销售神话。此前，COMME des GARCONS 只是一家年销售额仅有 1.2 亿美元的小时装公司，游击快闪店帮助公司实现了 30% ～ 40% 的业绩增长。

川久保玲早就意识到，人们对在全球都能买到的东西已经厌倦。那快闪店便能最大限度地给时尚保鲜。首先，川久保玲的快闪店强调时间限定，周期严格把控在 3 个月到 1 年，就算再火爆，也要遵守这个期限。时间一到，就只能再等新鲜的下一站。

地点和款式也有限定。无论是在巴黎、纽约还是东京时尚之都，川久保玲的店铺全部开在冷门地点，躲开城市中心，远离成熟商业区。这代表一种反叛、逃离，但吸引了真正的时尚潮人、好奇心强的人也会去一探究竟。除了出售过季品，有些店铺专门卖限定产品。在川久保玲看来，一切稀缺的东西，都能让顾客更有购物冲动。

仅有店铺装修是没有定律、天马行空的——造价不高，但风格各异，比如充满诡异蓝光的玻璃房子，就像是当代艺术空间。川久保玲要在有限的时间和空间内，给刁钻的消费者制造足够惊喜。

川久保玲的另一个愿望是，她的快闪店也能出售其他设计师作品，“每个人的独特风格都可以在这样的一个大环境下聚集在一起”。2008 年 9 月到 12 月，东京的一家 COMME des GARCONS 快闪店展示了路易威登的 6 款限量版手袋，赚足噱头。

说到底，一家说来就来、说走就走的游击快闪店，其实需要长期的规划、创意和选址，这些细节都不像它的形式那样随意又漫不经心。

来点新尝试

COMME des GARCONS游击快闪店的走红让很多独立设计师和品牌眼红，颠覆传统零售的营销模式被迅速克隆。而现在的游击快闪店，更像是COMME des GARCONS的升级版。它们时间更短，两个月、两个星期、甚至两三天。这些品牌花钱盘场地、装修、请员工，并不指望在短时间内回本营利，而是为营销制造话题。

快闪店的选址也越来越多样化，很多品牌开始尝试在广场、街头、购物中心等人流量大的繁华地段定期设立店铺。还有更特立独行的。2011年，服装快消品牌H&M的一家快闪店出现在了荷兰海牙的席凡宁根海滩，一共就开了两天。这家店铺的合作者是水援助组织，是一家国际非营利组织，致力于通过改善供水渠道以及卫生系统来提升人们的生活质量。H&M的海滩快闪店颇具公益性质。

而在店铺风格上都一致追求COMME des GARCONS的标新立异，比如2012年登陆波兰波兹南市广场的TRIWA手表快闪店，将一辆由900多个硬纸管搭成的坦克开进了商场。H&M的海滩快闪店，其实就是一个大号集装箱，让所有路过的人耳目一新。

除了售卖不同商品，快闪店形式也更有创意。2014年，美国设计师马克·雅可布在纽约为Daisy香水开了一家快闪店，然而里面根本不卖任何商品。在这间为期3天的快闪店里，顾客可以修指甲、听音乐、逛马克·雅可布的新品，如果你看上了哪一款，必须在脸谱、推特等社交媒体上传店铺照片才能换取。3天后，快闪店准时关门，那些照片却继续在社交媒体上流传，给马克·雅可布的新品又宣传了一番。

导师点评（对外经济贸易大学国际商学院副教授 刘宝成）：

提到快闪店，起码在表象上，会让我们不由想起那些走街串巷的摊贩，例如《老炮儿》里的灯罩儿——街头摆个摊儿，打一枪换一个地方，城管一直是他们的天敌。实质上，快闪店和流动摊贩是大相径庭的。前者如今变成了大品牌造势推广的奇招妙诀，设计异彩纷呈，一色的正品，顾客趋之若鹜。好奇害死猫，快闪店所搅动的正是顾客的好奇心。看中了哪一款，你还不能犹豫，倘若过几天再回来，它很可能跟你永远拜拜了。

采参的人都相信人参是有灵性的，一旦发现了人参，要赶紧拿红线系上，红布铺上，否则它就会幻化得无影无踪了。调动了好奇心之后，快闪店意欲在顾客心目中激发的就是这种采参人的紧迫感。如今大行其道的O2O模式已经变成商家的大路货了，那就再来一次创新。在众多品牌的相互博弈中，差异化或寻缺战略构成了商家竞争优势的突破口。技术所支持的产品质量并不是日新月异的，然而推广和销售的手法却随时都能找到创意的空间。一个看似返璞但富有新意的街边商亭逆袭到顾客视域里，时隐时现。特别对那些大城市里的游客来说，他们能不经意发现货真价实的惊喜。

对于消费品，顾客寻求的核心在于意识价值。在资讯发达而消费愈发挑剔的今天，告知或提醒类广告已成明日黄花，新奇而实感的体验变成激发购物欲的最佳导体。快闪店把握了这一意识价值的诉求。

对于商家，这是一种名利双收的经营模式。成本不高，却能吸引眼球，实现销售，而更大的收获是品牌知名度的提升。相比于撂地摊或者赶庙会的模式，快闪店有着周密的策划和强大后台支持，正如持续绽放奇葩需要深扎的根系和强劲的躯干。当然，除开特色，决定快闪店能够成功的关键还在于准确的定位；同时，就像捉迷藏，控制出没的频率并把准节点至关重要。这里的节点既要考虑产品的生命周期、整合营销的总体部署，又要斟酌目标市场的行为特征，当然，还有后续的筹码。

（撰文：毛予菲）

汉斯·瓦尔

德国“厕所大王”，年赚两个亿

人物简介：

汉斯·瓦尔，1942年生于德国南部的斯图加特，1976年创立Wall AG公司，专注生产电话亭、公共座椅、汽车站等公共设施，卖广告的公共厕所是其最著名的产品。

1990年柏林公共厕所经营权拍卖会上，汉斯·瓦尔跟政府豪言：把公厕包给我，我来管，保证所有市民免费使用干净卫生的厕所。竞争对手都傻了眼，认为瓦尔肯定是疯了。他们算了一笔账，因为设备购置、清洁维修等巨额开支，即使每用一次收费0.5欧元（折合人民币4元），一年光柏林一个城市就得赔100万欧元。

让竞争对手大跌眼镜的是，20多年运营下来，瓦尔赚大发了，仅在柏林、法兰克福等5座城市，每年纯利润就有3000万欧元。很显然，瓦尔不指望每人0.5欧元的“苍蝇腿”，公司营利靠的是在厕所墙上做广告。里面是免费的厕所，外面是赚钱的海报，这就是“厕所大王”瓦尔的生意经。

连香奈儿也愿意做广告

进军厕所界是瓦尔心里早盘算着的广告生意。带着这样的想法，他做了一次市场调查。德国有“厕所大国”的美誉。政府规定，城市繁华地段每隔500米必须有一座公厕；普通道路每隔1000米应建一座；其他地区每平方公里要有2～3座。有人计算过，德国城市“公厕率”是平均每500～1000人享有一座。这在其他运营商眼中是负担，对于瓦尔，数量多、基数大成了优势。

另一个让瓦尔义无反顾接下“烫手山芋”的原因是，他看中了政策红利。德国公共事业走市场化路子，城市公共交通、城市环保都是通过拍卖承包给私人公司运作。瓦尔很早就开始跟政府打交道，他的公司 Wall AG 成立于 1976 年，生产电话亭、垃圾桶、街头座椅等公共设施。在德国经营公共事业的企业，政府肯定会在政策上开绿灯。瓦尔揽下公共厕所，每个月也只需象征性地支付给政府很少的管理费用。

所以当瓦尔包下公厕，政府大方地将外墙广告的经营权交给了他。瓦尔并没有急着揽商家，他先是找来意大利、德国、日本的知名建筑师为厕所做各种设计。街头漫步，你可能会偶遇高科技材质打造的“太空屋”，走进厕所看到火辣嘴唇造型的便池，还有撩起短裙的时尚女郎贴纸，很让人“赏心悦目”。瓦尔别出心裁地称它们为“城市家具”。

让很多人匪夷所思的是：即使再美，厕所墙上做广告，会不会太掉价？但事实上，来做广告的很多都是数一数二的大公司，比如电子产品企业苹果、诺基亚、三星，甚至时尚大牌香奈儿。瓦尔的武器就是低价——收费仅有相同地段广告牌的一半。这么大的便宜，平常姿态再高的客户都撸起袖子抢，尤其是在机场、旅游景点和商业街等客流量高的繁华地段。

地段佳、价格低，瓦尔的厕所广告生意风生水起。

天马行空的作风

瓦尔出生于德国南部的斯图加特，父亲是东普鲁士人，母亲在农场长大。瓦尔九年级时潇洒地辍了学，任性地走出去看世界，做了一名实习机械维修工，绕了一圈后才回到学校完成了学业。

瓦尔的厕所和他天马行空的作风有点像。大大小小花花绿绿的厕所屋里，最有意思的是卷纸。德国人有在厕所阅读的习惯，甚至愿意在干净舒适的厕所小憩。瓦尔就干脆在长长的卷纸上印了文学作品和广告，以供人们如厕时消遣。如果你想买回家，那也没问题。他们将一整本书的内容，化整为零收录在 12 卷手纸上，一卷一章，这样你买一打手纸，就可以抱回去一整部小说，安安静静坐在你家马桶垫上仔细品读。有人觉得这只是个噱头，其实已经有德国作家特地跟瓦尔联系，希望自己的作品也可以出现在公共厕所的卷纸上。

瓦尔厕所的多元化经营不仅这些。他们与很多公司展开合作，比如在厕所里装上公用电话，向通信运营商收取一定的提成；持“国际通运卡”的顾客，可以刷卡消费。现在，瓦尔的厕所还和商场周边的饮食经营者合作，去他那儿上厕所，就能拿到赠餐券。等顾客拿着赠餐券去了餐厅，瓦尔公司就能拿到返利。

瓦尔还修建了一批高大上的“概念款”豪华公厕，为一小部分有特殊需求的人提供个人护理、为婴儿换尿布、皮鞋擦拭，甚至按摩、听音乐等专业服务。当然，它们都需要付费。这些堪比五星级酒店体验的公厕数量不多，但此举提高了公司声誉，也赚足了眼球。

瓦尔着实是一把营销好手，他稍微一动脑筋，请来市长为他站台，轻松登上了报纸。柏林市中心曾有一座建于 19 世纪末的公厕，老柏林人亲切地称为“阿赫台克咖啡馆”。“二战”后，这座古董级的公厕破旧不堪。瓦尔花了 10 万欧元修复，保留下古色古香的风格。他没在这座厕所外做广告，而是在修复完成后剪彩揭幕当天，举办了盛大的宣传活动，请来柏林市长助兴。聪明的瓦尔放弃了一笔广告收入，换来一次公益机会，为公司塑造了良好的公益形象。

“这是一个大魔术箱”

即使营销花样多，瓦尔也没放松公厕的成本管理。因为分布不集中，修建和运营公厕的成本不低，他把焦点放在清洁上，为所有厕所安装了自动清洁装置，这样可以减少清洁工数量，节省劳力成本。

在产品经营上，瓦尔追求极致。他成立的管理车巡查队，每天雷打不动地对所有公共厕所进行3次检查，每座城市都有20辆应急车24小时巡视，无论哪里的厕所出了问题，他们必须第一时间赶到。据说，瓦尔制定的清洁标准是，便池里的水舀起来能直接喝掉。

依靠新颖的思路、精细的管理，瓦尔公司取得了巨大成功。早在20世纪90年代，瓦尔公司便开始进军美国，在纽约市政厅前盖起了残疾人专用厕所。后来，莫斯科和伊斯坦布尔街头也出现了瓦尔公司的产品。如今，职工数从1990年的76人猛增到700人，销售额增加到8800万欧元。2003年，公司还战胜了宝马和奔驰，被评选为德国最具创意的企业。瓦尔说："这是一个大魔术箱，我和普京谈了一次就获得了俄罗斯部分城市的公厕经营权。"

瓦尔的厕所已经成了德国街头一景。全世界的观光客来到德国，都要进去体验一把。但瓦尔并不满足于此，他不断扩大自己的厕所帝国，打算将"厕所计划"推向整个欧洲。有中国记者问他，如果有一天中国开放了这个市场，是否愿意来中国推广厕所生意，他听后笑了："我会说服中国人接受它。"

（撰文：毛予菲）

龚达尔兄弟

龚达尔兄弟：做健身业的“麦当劳”

人物简介：

马克·龚达尔和迈克尔·龚达尔，出生于美国多佛，1992年创建星球健身（Planet Fitness）中心，并将其打造为美国最大的健身运营商。

人们去健身，是会选择设备齐全的豪华健身房，还是“简陋不堪”的？答案不言自明。可在美国很多人却选择了后者——马克·龚达尔和迈克尔·龚达尔兄弟创办的星球健身。这家风靡全美的健身中心如今已有1000多家连锁店，710万会员。但龚达尔兄弟却说：“我们的成功秘诀是不做‘最好’的健身中心。”

最“破”的健身房

龚达尔兄弟从小就喜欢举重，一直梦想拥有自己的健身房。1992年，迈克尔收购了美国多佛一家快要倒闭的健身房，这就是星球健身的前身。迈克尔回忆说，当初他的梦想是开100家店，可没想到现在变成了1000多家，连他自己都觉得不可思议。

不过，开始那几年，龚达尔兄弟也栽过跟头。在20世纪90年代的美国，大多数健身房走的是精品路线。兄弟俩起初也把星球健身打造成了豪华健身中心——2000平方米的场地，成排的高级跑步机、动感单车等设备一应俱全；休息区还有吧台，各式饮料等随时享用。成本上去了，会员费就下不来。在多佛这样的小城，星球健身每个月的会员费将近30美元。结果健身中心的生意越来越差，面临关门的危险。

兄弟俩不得不转变经营思路。他们发现，豪华健身中心吸引的多是有强烈健身意愿的人，但这个人群的比例只有12%。兄弟二人合计，为什么不在剩下的人群上做生意？于是在1996年，兄弟俩大刀阔斧地进行了改革。他们将会员费降到一个月10美元，又逐渐砍掉了一些会员们不经常使用项目，比如瑜伽、普拉提课程，还有一些“不实用”的设备，比如有氧运动器械等。因为在迈克尔看来，那些真正的有氧运动爱好者不可能来他们这样的健身中心。

健身房变得越来越“破”，这和人们所期望的舒适环境大相径庭。不过，以前那些因价格问题不去健身房的人都变成了他们的顾客。因为10美元的价格太诱人了，不过是一顿饭钱。近20年过去了，星球健身的价格还没变，很多人都是多年的会员。

用比萨留住顾客

用低廉价格吸引到顾客后，星球健身不断增加一些小项目来提高顾客黏性。龚达尔兄弟设立了免费比萨活动日。在每月的第二个星期二，会员可以吃到无限量供应的免费比萨、甜甜圈和汉堡。有数据统计，星球健身每年送出的比萨超过300万块。

健身房免费吃高热量的比萨，这与健身初衷相悖，曾遭到一些人士吐槽。不过，这个小小的伎俩却很奏效，活动吸引了很多新会员，也增进了工作人员和会员之间的情感。即使受到争议，龚达尔兄弟仍坚持举办。“如果你有一个想法，哪怕是一个不受欢迎的想法，虽然艰难，但不要放弃。不要害怕做不同的事情。”

星球健身在多佛越来越火爆，龚达尔兄弟推出特许经营，在其他城市开设更多分店。2003年，第一家连锁店在佛罗里达州开业。紧接着，星球健身滚雪球式增长，成为美国最大的健身运营商。“星球健身想复制麦当劳的‘快餐模式’。”龚达尔兄弟在接受采访时说，“我们要成为健身行业的麦当劳，让全世界的顾客都能享受到相同的服务。我们用的是巨无霸汉堡的方式，无论你到哪里，巨无霸的味道总是一样的。”

（撰文：毛予菲）

肯特在野外。

杰弗里·肯特：专为富豪做“旅游大餐”

人物简介：

杰弗里·肯特，1942 年出生于肯尼亚，英国国籍。Abercrombie & Kent 旅游公司创始人，总裁兼首席执行官。

去非洲草原看动物大迁徙，到冰岛观绚丽极光……这些偏远冷门地区的体验旅行已经成为富豪们的首选。非洲裔英国人杰弗里·肯特的旅游公司 Abercrombie & Kent（以下简称 A&K），就专门为这些手握大把钞票的富豪订制奢华、冒险之旅。

A&K 由肯特和父母共同创办于 1962 年。如今，已是世界上最具吸金力的旅游公司之一。其客户有 20 多万，都是各国顶级富豪，包括微软创始人比尔·盖茨、梦工厂 CEO 卡森伯格、英国皇室成员等。而对于 A&K 的服务，挑剔的金主们也都点头称赞。2014 年，A&K 创造了 6 亿美元的营收。

野外也要有美食

20 世纪 60 年代，去人烟稀少的地方旅游还是个荒谬的想法，肯特一家却钟情于此。肯特在肯尼亚阿伯代尔高地的农场长大，对大自然有天然的亲近感。一年暑假，父母带肯特出游，当他好奇地询问地点时，父亲却说是“没有水喝的地方”。就这样，一家人租了辆卡车开始了野外探险。尽管条件艰苦，肯特却玩得很开心。他的朋友们听说后，都想尝试一下。于是，很多人加入到肯特的探险之中。一家人琢磨，既然喜欢的人这么多，是不是可以开一家这样的旅行社？A&K 便由此诞生，第一个项目就是开车穿越肯尼亚草原，一个人一天 100 美元。但由于自然环境恶劣，来体验的游客越来越少。眼看着旅行社每况愈下，肯特想出了新办法——让旅游更豪华！

A&K 升级后的卖点就是美食。肯特认为，在豪华旅行中，美食必不可少，但野外食物稀少，随车携带又会因高温变质。他的主意是，带上冰箱和大厨一起上路。于是，他先买下了军队淘汰的汽车并配上制冷设备，然后又从父亲的乡村俱乐部找来酒保、领班和大厨，让他们随行制作豪华餐饮和鸡尾酒。此外，肯特还自创了可移动的豪华帐篷，里面有高床软枕，还有能与五星级酒店媲美的管家服务。

肯特的“改革”奏了效，一些富人慕名而来。在一次采访中，肯特讲述了一位富商——理查德的惊险旅行。“我带理查德去了肯尼亚，住在玛拉河畔搭建的豪华帐篷里。清晨，他用餐时还能听到河马的‘哼哼’声。夜色降临后，我们去了附近的酒吧，刚点了威士忌，一头水牛和四只母狮子就冲了进来。惊慌中，我们躲到了桌子下。这时，在外等候的司机闻声开车撞进来，赶走了那些不速之客。理查德缓过神来，兴奋地对我说：‘太不可思议了，下次我要带着妻子来，刚才这一幕还能来一遍吗？’”肯特说，“生活中大多事情都是计划好的，而我们提供的旅行总有惊喜。A&K 升级的只是配套设施和服务，游客体验到的还是原汁原味的风土人情。”

三请石油巨头之孙

怎么让更多的富豪关注 A&K，肯特又有了好点子。他盯上了石油巨头约翰·洛克菲勒的孙子大卫，做起名人营销。当时，大卫是美国大通曼哈顿银行的管理者。一天下午，肯特来到大卫的办公室，想邀请他参加 A&K 的肯尼亚野外之旅。结果被大卫的助理一口回绝。碰钉子后肯特又厚着脸皮去了两次。第三次时，这位银行巨头终于和他见面了。肯特游说道：“我听说您正在内罗毕建大通曼哈顿银行，开业时一定会去剪彩吧。反正要不远千里走这一趟，不如给我留 3 天带您去野外旅行。”最终，大卫参加了这次旅行，后来还给肯特带来了国际货币基金组织的 120 名成员。肯特说：

“对于我和 A&K，这是巨大的转折。因为大卫的‘广告’，更多富人知道了我们。”

一举成名后，A&K 继续扩张业务版图。不过，这回肯特在埃及碰了钉子。20 世纪 70 年代，埃及政府不允许外国公司在当地开旅行社。没想到，一次危机给了他机会。1981 年，埃及总统萨达特遇刺，当地的骚乱影响了旅游业。肯特连忙赶到开罗，拜访了旅游部长。肯特说：“现在全世界都取消了埃及的旅行团，您需要更多的旅行公司，而我需要一个许可证。”就这样，A&K 获得了经营许可证，成为最先攻占埃及旅游市场的外国公司。

随着规模的扩大，肯特为公司设立了严格的管理制度，将“豪华”标准化。比如在接客户时，公司会派两辆车。一辆车接人，一辆车拖行李，这样客户就不用等太长时间，而且还会提前给客户办好入住手续。在美食上的标准则更为严苛。每一个细节的标准化，为其不断复制新店奠定了基础。尽管标准一致，但旅游体验不能千篇一律。A&K 会为客户“订制”不同的旅游产品。与多数依赖第三方“地陪”的旅游公司不同，A&K 在印度、中国等 60 多个国家建立了办事处，招聘、培养专业地接人员，以提供更“个性化”的服务。

这些年，肯特也在重新思考“豪华”的定义。肯特说：“豪华不是一味追求顶级设施，应该是体贴的服务、真实的体验和幸福感。”当然，顾客为此买单的价格只增不减。现在，A&K 旅行产品的平均价格为每人 1 万美元，更奢华的比如乘坐私人飞机环游世界，25 天的费用为 13.5 万美元。

（撰文：毛予菲）

InStock 创始人奈梅亨。

奈梅亨的五星“剩菜食堂”

人物简介：

福瑞克·奈梅亨，出生于阿姆斯特丹，曾任荷兰阿霍德集团旗下超市阿尔伯特零售部门负责人。2014 年 6 月，与朋友共同创立 InStock 剩菜美食店，被 ELLE 杂志评为年度十佳餐厅。

去高档餐厅吃米其林大厨牛排，星级酒店来一道恺撒沙拉……如果告诉你，这些令人垂涎的精美菜肴，原材料都是超市打烊后卖不出去的残次品，你还愿意乖乖掏腰包、坐下来细细品尝吗？

奈梅亨和她的3个同事就开了家专门回收“剩菜”的美食店InStock。乍听起来好像让人有些倒胃口，但这家“任性”餐厅生意却好得不得了。

“剩菜”中的商机

每日清晨的阿姆斯特丹，都有一辆黑白相间、外形酷似胖面包的可爱货车奔走于各条街道。它从阿尔伯特超市开出来，里面装满了前一天被顾客挑剩下的牛肉、蛤蜊、西兰花、胡萝卜……最后停在了InStock餐厅门口。当日的回收食材到货了！

几个高帽子大厨赶紧出来迎接，将这些生鲜肉类、瓜果蔬菜团团围住，开始盘算中午的菜单。这个时候，餐厅的老板奈梅亨也会在后厨走动，看着这些被挑剩下的残次品出锅装盘，收拾心情准备迎接门外大排长龙的食客。

共同打造这家独树一帜的“剩菜餐厅”，奈梅亨还有3个合作伙伴：塞尔玛、梅洛和巴特。4个人都曾是阿尔伯特超市的员工，奈梅亨担任零售部门的负责人。每天超市关门前，奈梅亨都会在卖场巡视一番，只要广播里的打烊音乐响起来，冷藏柜里的食物就像被判了“死刑”，等候着“审判”。奈梅亨不忍心看一车又一车的食物被倒掉，就经常拉着3个小伙伴讨论，要做点什么挽救它们的命运。

四人团队的第一次尝试，是一款叫“Imperfect”的手机应用。他们合力写了一个商业计划给阿尔伯特超市，希望得到支持，把大批快过期的食物放在APP上售卖。可效果却不尽如人意，即使他们打出免费配送的口号，网站也没几个人问津。问题到底出在哪儿？4个年轻人一琢磨，觉得这些被抛弃的食物长得太丑，被磕变形的罐头、叶子蔫蔫的胡萝卜，看起来让人食欲全无。

“Imperfect”让4个年轻人受到了启发：为什么不换一种思路，既然人们不愿意买卖相不佳的食材，那就把它们都变美。他们开始寻找灵感。一天，几个人逛到阿姆斯特丹的博物馆广场，这里正在举行美食活动，主题为“该死的食物浪费”。活动主办者用了一车即将被扔掉的食材，为近5000人做了顿饕餮盛宴。看到这一幕，奈梅亨兴奋地大喊：“把剩菜做成高大上的美食！”她决定将难逃被丢弃命运的原料重新收集起来，调制成色香味俱全的佳肴，再呈现给大众！于是，2014年6月，第一家InStock“剩菜餐厅”在阿姆斯特丹开业。

大厨让你每天有惊喜

InStock开业后，生意好到让奈梅亨有些难以置信。她最初预测，前来的顾客大多会是当地20岁到45岁间的人群，可事实并非如此，吃货们特意从荷兰西部的莱顿和东部的林堡远道而来，其中不乏上了岁数的老人，只为体验这家与众不同的餐厅。口口相传中，InStock马上就火了起来。美食网站上，挑剔的荷兰人为InStock打了7.7的高分，在时尚杂志ELLE的2014年年终榜单里，还被专业评委评为年度十佳餐厅。

你可能对所谓的“剩菜”战略嗤之以鼻，认为充其量就是个噱头，那就大错特错了。无论InStock发展多迅猛，奈梅亨始终坚持百分之百地使用“剩菜”做原料，连一片菜叶都不放过。奈梅亨通过调查了解到，除了阿姆斯特丹，哥本哈根等其他城市也到处是食材浪费。周密的策划后，InStock开始从国外进口“剩菜”，让原材料供给更规模化，以满足日益增长的市场需求。当然，这些看起来丑丑的食材绝对没有变质。采购团队会审查它们是否符合安全标准，大厨们确认无误后才会安心使用。

InStock的一大特点是“随意”。每日清晨货车到达前，InStock的大厨们都不知道当天会有哪些餐品，甚至采购人员在出发前也不知道自己会买什么回来。如果遇到一个下雨天，原本为露天烧烤而准备的肉类会被剩下来，也有可能因为前一天过生日的人不多，街角甜品店余下了几块大蛋糕。

这造就了InStock的专属特色：没有菜单，但充满惊喜！食客排很长的队，走进餐厅坐下来，满心期待中，端上来的可能是芦笋小萝卜凉拌鱼干、油麦菜鸡肉沙拉、牛肉意面或者猪排配土豆泥……吃到最后一刻，你才知道当日的甜点到底是蛋糕还是冰淇淋。所以如果你想提前在这里订餐点菜，更是连门儿都没有。

奈梅亨在接受采访时说：“每天早上收集剩余食材，是一天中最让我兴奋的环节，我觉得自己拯救了许多原本会被浪费的食物，而且超市总会给我们带来各种各样的惊喜。”在她看来，“随意”就是InStock的采购章程。InStock还有一条雷打不动的标准则是，不管收回来的残次品长什么样，装盘后的食物一定要美。和米其林大餐一样，InStock精致骨瓷碟上也有各式点缀。这样一来，餐盘端上来，前后的反差总会让食客惊喜连连。同时，店里的装修追求质感，昏暗灯光下，听着舒缓音乐，享用一盘“创意菜”，吃过的人都大呼过瘾。

现在，因为InStock火爆，奈梅亨意识到仅靠餐厅不能满足数量如此庞大的顾客，她又推出了外卖站点和流动餐车，以便那些远道而来的顾客能更容易品尝到这家五星“剩菜食堂”的特色美味。

（撰文：周润丰）

小西国义

十分钟理发店的亿元生意经

人物简介：

小西国义，1941 年生于日本东京，毕业于青山大学。1996 年创立 QBHouse（Quick Barber 快速理发店），2004 年成功上市，现发展为红遍亚洲的十分钟理发屋。

源自日本的QB House理发店从来不为顾客做发型设计、不染发、不剃须，连头都不肯帮你洗。但就是这么一家要什么没什么的理发店，从1996年创立至今，已经开设超过500家分店，年收入40亿日元（约合2.3亿元人民币），拥有一群忠实的“QB粉丝”。

QB House的口号所宣誓的是，只专心做好一件事情——剪发，所以不干任何与剪发无关的事。QB House的极简主义让理发只需10分钟，每次1000日元。而在日本，1000日元是钟点打工族一小时的平均工资。所以对于那些除了想把头发剪短点，其他什么都不想做的顾客来说，这样的价格再贴心不过。再加上不用大排长龙，没有人絮絮叨叨让你办卡，发型师不会为了跟你套近乎一直问你在哪儿上班，这样的理发店会让你心动吗？

把时间还给客人

QB House的创始人叫小西国义，灵感是他坐在一间发廊里想到的：1995年的一天，小西国义想去剪头发，他在一家理发店等了很久，终于坐上了理发椅，原以为开始剪头发了，发型师助理却给他递上一条又一条热毛巾，然后没完没了地按摩，为他推荐各种护发产品。最后剪完头发，一个小时过去了，因为这些“周到”的服务，共花费6000日元。小西国义突然觉得，这种烦琐冗长的服务，根本就是在大把大把地浪费时间，最后还要收取高额费用。“我只不过是想赶快把头发剪短点儿。我想，肯定有其他人和我一样，不喜欢那些花样服务。我们需要一家方便快捷、收费合理的剪发店。”带着这样的想法，小西国义进行了一次市场调查。他想，必须要有10%的人接受，这样的理发店才有足够的市场。结果调查显示，这群人的比例竟然高达34%。小西国义很兴奋，他认为大显身手的时候到了，次年就在银座开设了第一家QB House—10分钟快剪理发店。他的理念是，“把时间还给客人”。

小西国义毕业于日本著名的私立大学——青山学院。创业这年他55岁，之前一直从事医疗器材的销售工作，所以在理发生意面前，是个上了年纪的、“只用过鼻毛剪”的门外汉。不过正是因为门外汉的身份，他从传统理发店的服务中另辟蹊径，定位到了这群“只想安静剪头发的人”。

开张后一段时间，QB House的日子并不好过。有些传统发廊的理发师因为利益受损，跑来门口示威，有的化装成顾客进来捣乱，有的甚至往门锁里灌胶水。小西国义却认为这正好证明了快剪生意大有前途。他沉着耐心地处理危机，一边不停地道歉，一边安静地用QB House全新的商业模式证明自己。

不久后事情有了转机，QB House开始被越来越多的人接受。由于时间短，忙碌的上班族可以在回家路上顺便理个发，消费能力不高的学生也经常光顾。小西国义记得，有位母亲常带着孩子来剪头发，她开心地说：“让3个孩子剪头发原本是特别头疼的事，通常要花掉上万日元，加上等候至少两三个小时。而在QB House，3000日元、半小时全部搞定。”

理发店的等位三色灯

在具体经营管理中，小西国义为QB House设计了一套快速廉价的理发服务体系。首先要做的就是制定标准。因为QB House的定位本是快速理发，在小西国义看来，顾客都是来简单修剪的，想设计发型的人不会光顾他们这样的理发店。为此他将顾客划分为儿童、老人、男士、女士四类，各自制定了两三种标准发型，这恰好迎合了消费者对“简单快捷”的追求。

在小西国义的规划下，QB House 店内设备也统一了“极简”的标准，不再有洗发台、吹风机、热水设备、洗发水、护发素、指甲剪和修胡工具这些传统理发店的必需设备，常用的工具只有剪刀、镜子和毛巾。甚至没有电话，没有厕所，客人也不能提前预约。

小西国义意识到，削减的项目都是传统理发店的高利润附加服务，要维持营利，QB House 首先面临的就是成本问题。小西国义限定了店铺面积，QB House 都非常迷你，一般 6 至 8 平方米，仅摆放 3 张理发椅。

在寸土寸金的日本，人们都是收纳狂，为了更好地利用空间，小西国义也开发出一套剪发组合柜：柜子正面是操作台，还有消毒柜，以及毛巾、梳子、镜子等用品的隔断，每个物件都有卡槽，还有个小盒子专门装眼镜。柜子背面也被充分利用，客人的衣物可以挂在这里。这样每个组合柜就是一个理发师的工位，配套的椅子尺码也明显小于那些传统理发店里的舒适座椅，用以节省空间。几平方米的屋子井然有序。

在传统理发店的等候区，一般都摆放着几张宽大舒适的真皮沙发，QB House 却只有几把普通座椅。不过这些看似简陋的座椅却另有玄机，因为装上了感知器，只要有人坐下超过 6 秒，就会自动记录，传送到店门外的三色灯，让路过的人了解店内的状况：绿灯亮，表示马上可以剪；黄灯亮，最多需要等 5 分钟；红灯亮，最多需要等 10 分钟，一目了然。同时，这些信息也被传送到理发店的后台系统，总部收集数据得以掌握每家分店的客流量。更重要的是，这都由游戏厅的座椅改造而成，成本低廉，仅占真皮沙发造价的一成。

QB House 另一项深得人心的改变是，使用一次性用品和消毒工具。这里提供一次性纸质围巾，成本 2 日元的梳子则在理完发后送给顾客当礼物。而其他非一次性的工具，比如剪刀都存放在消毒柜内，用时取出，甚至理发师的手也做到了一客一消毒，在为每一位客人剪头发前，他们都会将手放在感应龙头下，用喷出的雾状酒精清洗。

“敌人”多多益善

在小西国义看来，10分钟快剪意味着高效率、高“翻台率”，所以除了控制成本，要解决的还有“客流量”问题。他只将QB House开在大型商场附近、地铁口等人流密集的地方，这为每家店带来每天100人次的顾客。尽管租金不低，但QB House本就是迷你店，因此花费也算合理。

“免洗”是QB House提高效率、提升流量的一大关键。QB House有一项已经获得专利的发明——清洁碎发的小型吸尘器。吸尘器的顶端附有软毛，插上电呼啦两下子就能清理完顾客头上和颈部的碎发，只需要几十秒。顾客对此很喜欢：“这比洗头方便舒服得多。”

营业管理系统也是一绝。QB House不设收银柜台，店门口摆放着一台不找零钱的排号机，只收1000日元面值的钞票，或者是刷卡付款。顾客确定要理发后，通过排号机获得票号。店内也没有叫号服务，顾客按照门口座椅顺序依次进入，把小票递给理发师，立马就能坐下剪发。

小西国义为理发做了减法和创新，获得了巨大成功。2004年，QB House成功上市，如今更是已经进军中国台湾、中国香港、韩国、新加坡，引得竞争对手争相效仿。而面对后起者的模仿，小西国义却不以为意：“‘敌人’多多益善，我们做了有人模仿，总比只懂得一味模仿别人好。”

不过，直到今天，QB House的创新仍有争议，很多理发师仍觉得恼火。“但我们赢得了顾客，我想这才是最重要的事情。”小西国义说。

（撰文：毛予菲）

埃卡·潘纳宁

只做 4 款产品，一年纯利 9.24 亿美元

人物简介：

埃卡·潘纳宁，毕业于赫尔辛基大学，2010 年，在总裁任上履职不到半年，选择了辞职创业，成立了网游公司 Supercell。

在时下热钱滚滚的游戏产业，资本兼并已经不算什么新闻了。但最新的一笔并购还是让游戏迷们大跌眼镜——6月21日，腾讯领头出价86亿美元（约合566亿元人民币）收购芬兰移动游戏开发商Supercell 84.3%的股份，成为全球游戏史上规模最大的一笔收购。这个数字，超过腾讯过去任何一次单笔收购。要知道，腾讯入股金山、京东、搜狗和大众点评，总共也没超过20亿美元。

让腾讯狠下血本、砸出天价的Supercell到底是家怎样的公司？几个数字就能闪瞎眼：2015年实现23亿美元营收，9.24亿美元利润，市值超过55亿美元，成为全球最赚钱的手游公司。但如此一家业内明星企业，也不过是一支190人的队伍，旗下所有产品只有区区4款游戏。

“短平快”背后藏着心机

一切得从Supercell的创业故事说起。

创业领头人埃卡·潘纳宁毕业于赫尔辛基大学，当时加入了游戏社团Sumea，还成了负责人。后来Sumea发展成游戏公司，被一家名为巧克力的数码企业收购，潘纳宁就跟着晋升为欧洲分部总裁。2010年，在总裁任上履职不到半年，潘纳宁选择了辞职创业。他和5个小伙伴找了一家不足30平方米的办公室，凑了250万欧元的“箱底本钱”，又向芬兰政府借了40万欧元创业基金，成立了网游公司Supercell。

不过，Supercell 创始团队并不是真正从零开始的，创业“六老”都有超过 10 年的相关从业经历，潘纳宁说，这就相当于拿到“游戏业的 MBA”。这个时候，脸谱网等 PC 端网页小游戏是最热门的，“六老”就顺势研发了 Supercell 的第一款“页游”，与雄踞脸谱网的游戏开发商 Zynga 硬碰硬。结果，Supercell 败下阵来。最初的一两年，Supercell 在游戏圈一直默默无闻。

好在潘纳宁和他的团队果断调整了方向。当苹果公司发布第一款 iPad 时，Supercell 立马确定了“移动为先”的战略。网游被搬到“随时随地可玩”的平板电脑、智能手机等便携式电子产品平台上，成了“手游”。当然，潘纳宁也做了些改变，比如更简单粗暴——在时间上，3 分钟就能打一局，蹲个厕所也能来几轮。

但“短平快”的背后藏着心机。乍看玩法休闲简单，其实内在博大精深。Supercell 的游戏有两个关键词——“完整性”和“竞技感”，兼顾卡牌、策略、实时对抗各种玩法，体系复杂深奥。比如 2012 年推出的手游《卡通农场》，里面不仅有买卖，还融合了策略性，因为有一个产业链，农场中的植物收割、动物养殖和半成品的生产，都是一环扣一环的。随后风靡全球的《部落冲突》则是通过经营村庄、壮大兵力、攻城守池串起来的，三五玩家时不时还能联合起来干一仗，竞技感十足。如此一来，如果你 3 分钟试着玩了一局，就掉进了“大坑”，再也走不开了。

唯独在营利模式上，潘纳宁沿用了此前大获成功的“页游”虚拟道具——免费就可以玩，但骨灰级玩家要想尽兴，必须砸真金白银买装备，游戏公司由此赚钱。Supercell 也卖起了虚拟道具，但不强调让玩家马上花钱，而是确保最好的游戏体验，等他们深陷其中然后“自投罗网”。这一点上，潘纳宁比前辈们做得更到位。Supercell 的玩家用户中，愿意购买虚拟道具的大约占 10%。平均每卖 1 美元的虚拟产品，Supercell 就能从中获利 40 美分，远远高出整个手游行业的平均水平。

任性地“砍砍砍”

Supercell曾被《福布斯》杂志评为“全球发展速度最快的游戏企业”，潘纳宁却立志要将它打造成一家“慢公司”。

低调内敛是芬兰人的独特气质。与崇尚黑白色调的北欧家具一样，Supercell也一直保持简约风格。第一款成功产品上市时，公司仅15人。如今Supercell已“吞”下昔日诺基亚的研究总部大楼，在赫尔辛基设立总部，在东京、北京、旧金山和首尔设有办事处。如此一家跨国公司，却被美国著名的科技媒体《连线》形容为“一派祥和”。“在Supercell芬兰总部，办公室很静，门前有一堆鞋，员工们穿着袜子走来走去……每个人都戴着耳机，有的静静坐着，敲着键盘。”

Supercell散发出来的宁静气息，与创始人潘纳宁也分不开。他总说：“公司从来不是为挣钱而成立的。”但就是这么安安静静一天过去了，250万美元进了公司账户。

越出越慢的还有产品。因为前两款游戏的成功，Supercell有足够的资金维持，能够恣意放慢脚步。继2012年推出《卡通农场》和《部落冲突》后，Supercell只正式上线了两款产品。这就意味着，公司成立至今共6年，平均一年半才磨出一款游戏。2016年发布的策略卡牌游戏《皇室战争》，距离上一款已经过了整整3年，连玩家手里的iPhone都换了3代。

神奇的是，4部游戏上线后全部大卖，至今仍是爆款。

Supercell走的是精品路线，潘纳宁的战略就是——任性地“砍”。2011年，Supercell开发了一款名为Gunshine的多人游戏，很快就有50多万月活跃玩家，“蒸蒸日上”的时候，Supercell终结了它，因为跨平台的定位不好。2015年4月，Supercell在加拿大公测了弹珠类手游SmashLand，看起来亮点不少。但在3个月后，公司又宣布砍掉。而在全部 4 款成功产品的背后，一共有 14 款是被枪毙的。按照潘纳宁的说法，“这些小游戏也能让公司每天获得 1 万～ 1.5 万美元的收入，但这并不符合公司的目标。我们会把更多精力放在已有的游戏上，及时更新版本让它们始终保持生命力。打造像《魔兽》那样，经典玩不腻的游戏，才是我们要做的事”。

最初，潘纳宁和他的团队也有不舍。第一位天使投资人科普宁却跟他们说：“试想一下，你要养孩子，还贷款，还有投资者的期待，你不知道这款游戏到底会不会大获成功，这是什么感觉。”

潘纳宁和团队开始反省，召开了紧急会议权衡选择。结果是，潘纳宁散会后就给科普宁发了封邮件：忘掉一直以来做的所有事吧，我们现在有了新策略。

现在，Supercell 再做这样的决定时轻松多了，甚至还有专门的“终结派对”，每砍掉一款游戏，全体员工都要开香槟庆祝——放弃没什么好可惜的，发现产品达不到你的预期时还继续投入，才是最大的资源浪费。

做“最没权力的 CEO”

Supercell 的目标只有一个，做好玩的游戏。而潘纳宁的目标却是，“做全世界最没权力的 CEO”。

这也是 Supercell 名字的由来。潘纳宁团队在创始之初就希望，每个人都是公司的超级细胞（supercell）。因此，Supercell 的游戏团队更像一个个小型工作室，一般五六个人。比如 2016 年收入将达到 18 亿美元的《部落冲突》，最初只是 5 个人用了 6 个月的时间开发，而至今的维护团队也只有 15 人。

Supercell 到底是怎么做到的？团队创建后，潘纳宁和几个高管很大方地给了每位员工支配自己时间的自由，还赋予他们权力——每到周五，

Supercell 会举办一次创意会，无论谁有了创意都能提出来。而产品能否通过并上线，CEO 潘纳宁并没有最终决定权，而是需要通过内部体验和持续多轮的外部测试来做决定。如果结果不 OK，最终有资格叫停产品、砍掉游戏的，还是当初提出创意的人，而不是 Supercell 的高管们。即使一个团队里有不同的意见，潘纳宁和高管们也不会插手。“我会让他们继续讨论下去，直到所有人被说服。”潘纳宁说。

整个结构就像一座“倒金字塔”。原本应该在塔底的基层员工到了最顶层，被赋予发言权、自主权，甚至决定权，而“塔尖”的 CEO 和高管团队则成了最下面的协调员。

Supercell 大获成功后，潘纳宁回忆公司成立之初的情形——只有几张二手办公桌，潘纳宁规定：谁的产能最高谁就优先占用，结果分心于管理、协调的潘纳宁本人成了产能最低的员工，只得搬到办公室外的走廊，坐在小板凳上，把手提电脑架在纸箱上办公。自那时起，他就是公司“最没有权力的人”。

（撰文：陈在田）

易捷超市创办人里奥斯。

里奥斯：卖便宜货赚大钱

人物简介：

斯特·里奥斯，1967年生于希腊，现定居摩纳哥。英国企业家，易捷集团创始人兼首席执行官。易捷集团旗下拥有航空、租车、酒店、健身和超市等产业，共同特征是提供廉价商品和服务。

自伦敦的易捷超市开张以来，英国人就疯狂了。门外排几十米长的队伍，路人还以为到了苹果手机店门口。排队的人自带各种大背包、大口袋，进去就疯狂地抢，抱着不买肯定亏的心态洗劫超市。开张两个月，易捷超市每天不到下班时间就被抢光。

易捷超市的成功在于两个字：便宜。开业期间，所有商品一律25便士（约2.5元人民币），而英国现在的物价是买两个辣椒都要1英镑。店里一共76种商品，所以顾客只需要花19英镑就能把店扫一遍。等过了开业促销期，商品价格会涨到50便士，不过这还是很便宜。

超市老板是家大业大的英国爵士斯特·里奥斯，他拥有的大集团易捷，产业遍布各个行业，除了新开的超市，还有易捷租车、易捷健身房、易捷酒店、易捷办公室、易捷航空。当然，所有的公司都走廉价路线。

开家“食品银行”

易捷超市位于伦敦西北部，货架上是清一色的速冻食品，罐头汤、意面酱、黄油饼干、微波比萨，英国人冰箱里常储备的速食都能在这里找到。“顾客最喜欢的是罐头和速溶咖啡，”商店的工作人员说，“在普通的超市里，这些东西大概卖1.97英镑一件，而在我们这儿，同样的价钱买8件！”其实，普通的廉价超市英国也有，最有名的是一磅店Poundland，不过和易捷一水儿25便士的定价相比，根本毫无竞争力。

里奥斯轻轻松松地表示：我们的食品进价原本就低，易捷超市只是真实地展现了它们的价格。并且这里的商品从来没有花哨的包装和噱头，番茄酱的纸盒上只是简单地写着“番茄酱”字样，意大利面袋上就印着“意大利面”。店内也不提供购物篮，店铺基本没有装修，布置陈设一切从简，有顾客说像是置身工厂车间。

“如果你想买绿色、健康的食品，很容易找到很多其他卖家。而易捷超市提供的食物都是生活中最常见的、人们最爱吃的东西。我们不是为了向人们宣传什么生活方式，只是简简单单提供人们喜欢的廉价食物。顾客可以很方便地来到店里，随意挑几件自己喜欢的商品，然后继续做接下来的事情。”

易捷超市确实击中了不少人的痛点，开业几天后就嚣张地登上新闻头条：“它关门了，因为经营得太好，每天早早就卖断货！”面对这样的情景，里奥斯说这是他一直以来的梦想——开家“食品银行”，让更多人能吃上饭。

里奥斯出生于希腊的富裕家庭，父亲拥有一个规模巨大的船舶公司。里奥斯被父亲送到英国念书，25岁时，他用父亲给的3000万英镑，创建了属于自己的Stelmar船舶公司。后来Stelmar上市，最终以13亿美元出售。易捷是里奥斯的第二家公司，他因此而闻名。

因为对英国商界的贡献，里奥斯被女王授予骑士爵位。和很多有悲天悯人情怀的英国贵族一样，里奥斯曾经推出了一系列慈善活动，为贫困人群提供免费的午餐点心，还计划开一家公共咖啡馆。他的商业模式也受此启发：“易捷超市，以及整个易捷集团的宗旨就是，为大众而不是少数有钱人服务，让顾客用更少的钱获得相对高价值的商品。”

让坐飞机像坐大巴一样

在易捷集团众多业务中，最有国际知名度的是廉价航空公司。易捷航空是欧洲最早的廉航之一，也是迄今最出名的一个。当年卖掉 Stelmar 后，里奥斯琢磨着再开一家公司，他对英国独特的地理位置有一些想法，因为是岛屿国家，在欧洲大陆流行的开车旅行，由于隔海受到了限制。里奥斯由此获得创业灵感，“让坐飞机像坐大巴一样简单便捷”。

1995 年，易捷航空成立，最开始的运营依靠两架租来的飞机，第一个目的地是苏格兰的工业城市——格拉斯哥，以 29 英镑推出超低价航班，广告口号是“伦敦至格拉斯哥，比一条牛仔裤还便宜！”这一招立刻在商务人士和散客中取得成功，航班全部客满。

里奥斯没被火爆的生意冲昏头，他清楚地意识到，因为机票价格太低，公司要营利，首先面临的问题就是控制成本。他大胆地对易捷航空进行改革，削减了不必要的装饰，不再提供座位安排服务，也没有行李转运，还取消了纸质机票、登机牌——旅客可以通过网络确认信息登机，以节省机票印刷和邮寄的花费。另外，公司还鼓励员工穿得随意些。和其他英国航空公司的标准制服相比，易捷员工的穿着个性许多，这又给公司省下一笔。

有意思的是，因为一部分服务被削减，空出来的时间又全被排上了航班，每天的班次都满满当当的，却更有助于他们的成本优势。因为机队和地勤人员能被调配得更好，同一时间段干的活更多，工作效率提高，反过来又降低了单位成本。

另一方面，里奥斯开辟了一些附加收入渠道。让旅客感触最深的是，机场和机舱内专设高额收费服务。在线选座、超重行李托运、飞机上的咖啡和餐点都“价格不菲”，费用加起来可能比一张机票都贵。再比如，他们的登机口有个小格子间，用来测量随身行李箱的大小。如果你的箱子塞不进去，尺寸超标，那就得付上额外费用为此买单。因为各式各样的收费服务，连易捷自己的空乘人员都会跟旅客打趣，“这里一切都要收钱”。

最初人们对易捷航空印象糟糕，认为那里只有破旧不堪的飞机，让人倒胃口的食物，还有高额的附加费用。里奥斯采取了一项不为人注意的心理战略，易捷花好几亿美元买了新波音飞机；员工虽然穿着随意，但永远微笑让人愉悦。“我们的成本低廉，票价便宜，服务不算顶级，但也超出了许多顾客的期望值，他们乐在其中。”

里奥斯的战略很奏效，易捷航空大获成功，掀起了欧洲联航革命。由此，里奥斯将易捷航空“便宜快捷”的商业模式延伸到了租车、酒店、健身房等行业，这些“化繁为简”的服务，受到了英国大众，甚至欧洲人民的欢迎。

（撰文：毛予菲）

即氛首席执行官阿莱士·钟（右）和首席运营官亚当·雷伯森（左）

“动图霸主”阿莱士·钟

人物简介：

阿莱士·钟，1976年生，韩裔美国人。曾就读于旧金山艺术学院、帕森设计学院和华盛顿大学。2006年定居纽约，2012年创办动图搜索网站即氛，目前每月用户访问量达1.5亿人次。

随着里约奥运热，一大波全新的动图表情（Gif）袭来，横扫社交网络。人们想以最快的速度看到最多、最全的“笑果图”，动图网站的点击量因此飞涨，其中最受青睐的就是即氛（Giphy）。

这家位于纽约曼哈顿的公司是目前最红的动图搜索网站，创始人兼首席执行官是现年40岁的韩裔美国人阿莱士·钟。他坚信“动图是一种语言，可以表达人性”，想借助网站推广这种沟通方式，就像传播一门新的语言。同时，他也打造出一家成功的互联网公司——作为目前全球最大的动图搜索网站，即氛每月用户访问量达1.5亿人次。

人人都爱“表情包”

打开即氛，搜索关键字，选中最能传达当下情绪的动图，分享到网络社交平台。这是美国人表达感情的新方式。你可以用动画人物辛普森的哭脸表达悲伤，也可以用好莱坞明星詹妮弗·劳伦斯的瞪眼传递内心的抗拒，还可以用眼花缭乱的“魔性”效果图表示自己已经完全失去理智。

无论是几十年前的电视剧，还是刚上线的视频、当红明星的最新造型，都能在即氛找到动图。阿莱士的团队不仅搜集，而且制作。他们建立了世界最大的动图库，内容还在爆炸式地增长。

这是一种不同于短信、微信、邮件的情感输出方式，它的特点在于融合了新闻、娱乐、视觉效果、人际沟通，而且有一个很大的优势——动图可用于几乎所有的主流社交平台，这大大扩展了它的传播性。

“这是年轻人乐于参与的一种时尚，”阿莱士说，“人们已经感受到动图是网络潮流、是很酷的事，它可以被任何人使用，是把自己介绍给他人的工具。”

2015年起，即氛的业务就呈现出爆发的势头。为了保持行业领先地位，阿莱士干脆成立了一家制作原创动图的工作室。

这的确是一个前景广阔的新领域，传统行业纷纷找上门来。多家电影工作室和电视制片商都邀请阿莱士担任宣传顾问，广告商更是趋之若鹜，希望即氛帮它们推广产品或制作视频。餐饮品牌赛百味、美国职业男篮联盟都向即氛咨询宣传技巧，美国家庭影院频道（HBO）也请即氛帮忙宣传《权力的游戏》。不过更多时候，企业会自己制作动图，上传到即氛图库，以方便网友第一时间搜索到。

目前美国大选进入白热化阶段，就连政客也瞄上了即氛，希望借助它的力量为自己拉选票。前不久，在征询了阿莱士的意见后，希拉里的竞选团队放出了一批她因班加西事件接受聆讯时面无表情耸肩膀的动图。

即氛还赢得了时尚界的关注。迈克尔·高仕、卡尔文·克莱等时尚品牌都提出与即氛合作，把模特走秀的影像制作成动图，提高品牌影响力。

现在，即氛已经是全球最大的动图搜索引擎，如同谷歌之于内容搜索，钉趣之于图片搜索一样，即氛是动图搜索的第一入口，网站的市场估值已达到3亿美元。

上线当天收到投资意向

这么火的动图网站是怎么做起来的？

2012年的一个冬日，阿莱士正和朋友——后来的即氛联合创始人杰斯·库克聊天，谈到当时刚出现的动图表情，两人都很兴奋，滔滔不绝地说起自己多么喜欢这种新技术。阿莱士突然灵光一闪，决定查一下是否已经有能够搜集和制作这种动图的软件，结果没有。

“发现这一点我就兴奋起来了。”阿莱士回忆说，“人们已经很难在互联网行业中做一个全新的东西了，几乎所有可能的领域都已经有人涉足。”

学设计和工程出身的阿莱士曾经创建过一个社交网站，也为网络音乐频道开发过流媒体软件，还为英特尔做过硬件。反反复复的创业让他有些疲惫，于是决定休整一段时间。他去学了巴西柔术，拿下了二级黑带。但他不练功的时候依然会写代码。决定创建即氛时，他正在写一个与图片和视频搜索相关的软件。

完成即氛的初级架构后，阿莱士将网站链接发给了一些朋友。他的本意只是征求意见，结果朋友又发给他们的朋友，滚雪球一样越来越多。几小时后，即氛的页面访问量超过了 3 万。更让阿莱士没想到的是，截至上线当天下午 5 点，他已经收到了好几笔投资意向。

一个无心插柳的动图网站就这么做起来了。2013 年，即氛拿到 250 万美元 A 轮融资，2015 年的 B 轮融资达到 1700 万美元，2016 年刚结束的 C 轮融资，阿莱士募集到 5500 万美元，公司员工也从 24 人发展到 60 人。

“我们在改变人类交流的方式”

即氛刚建立的时候，阿莱士被问到将以何种模式变现时一脸茫然：“动图网站的商业模式？我们没有这样的东西。”

随着网站的蓬勃发展，这个问题的答案越来越清晰。实际运作中，由于即氛在内容生成上的价值，赚钱并不是难事。阿莱士透露，他们可以根据网站用户的图片搜索内容划分不同的用户群，然后让广告商进行有针对性的广告投放，即氛则收取相关费用。即氛在网站上整合了很多聊天软件，这就给广告商提供了更多投放机会。

不过，这些广告费并不足以吸引阿莱士，他最在意的还是“好玩的内容”。“人们对文字内容的消费不是同步的，一条新闻可能只是一小部分人的兴趣点，在一个小圈子内传播，然后就没下文了。而动图更容易引爆一种普遍的感情和想法，受众范围更广，所以可以瞬间流行开来。”因此，阿莱士一再强调“不能只把即氛看成一个搜索公司，我们也是一个娱乐和内容生产公司”。

为此，即氛开发了一系列移动端应用，比如表情照相软件即氛相机、能把动图嵌入手机输入法的即氛钥匙、图像抓取工具即氛快捕等。这些应用的增值服务价格正在讨论中。

在阿莱士看来，即氛的独特之处在于提供的是“人类情绪搜索”，而且以一种重复图像的方式呈现。“当你拿起一张报纸的时候，像拿起一块世界的碎片。如果你拿着一种情绪呢？那会改变人类交流的方式。这些情绪显现世界的变化，即氛就是人们创作情绪的平台。”

即氛的开发团队正尝试创造第一个“人类搜索引擎”，阿莱士想把各个民族、各个群种的文化在互联网上展现出来，这个新产品听起来很令人期待。但眼下有件事也让他觉得很无趣，就是首席执行官的工作。“我本来只想创造新的事物，但是现在得安抚身边的人，让他们开开心心地为我工作。本想自己创造，结果变成保证别人创造。”

阿莱士是个爱玩的人，常说动图就像礼物。随着即氛的规模和名气日渐增大，这个自称永远年轻的“玩童”证明，好玩的产品与严肃的商业可以结合得很好。

（撰文：尹洁 / 胡小兮）

2016年6月16日，吴云松在北京接受《环球人物》专访。

吴云松："我们在赌下一个未来"

人物简介：

吴云松，1979年生，毕业于英国雷丁大学，获计算机硕士、博士学位，曾任索尼图像压缩算法工程师，后于高校任职。2016年3月出任花椒直播CEO。

“我是坐着效果好，还是站着效果好？”

“我觉得不行，好像有点卡！”

“听得见按 1，听不见按 2……”

第一次做直播的吴云松一会儿站起来，一会儿坐下，还时不时招呼现场工作人员搭把手，调整了很久才进入状态。这是花椒直播的一档网红速成节目，吴云松总结了一套“规律”，教女生如何在花椒当网红。因为直播 ID 为“伦敦的鹰”，网友们亲切地称他“鹰哥”，这档节目叫“鹰哥教你做网红”。

吴云松接受《环球人物》记者的采访，也是在这间直播室。6 月闷热的午后，他带记者一行人躲进这间玫红色墙壁的小屋子，沙发旁是一个半人高的“花椒宝宝”玩偶。

明亮的色彩着实让人“亢奋”不少，落座后，吴云松一扫沉闷，滔滔不绝起来。在视频行业浸淫多年后，他于 2016 年 3 月挑起花椒直播 CEO 的大梁。接受《环球人物》记者的采访，吴云松聊到花椒直播的“改革”，以及对热火朝天的直播行业的一些看法。

“高大上”的调性

自 2015 年夏天开始，瞬息万变的互联网又刮起一阵“直播风”。明星大咖、美女网红纷纷拿起手机，拍下演唱会、发布会盛况，甚至吃饭睡觉聊天的画面，实时分享，与网友互动。这一形式运用到商业上，就成了视频直播营销。

一时间，直播平台都冒了出来，花椒直播正式上线是在 2015 年 6 月，360 周鸿祎入股，最初做的是“巴黎恐怖袭击”这类事件直播；CEO 胡震生入主后，主打“娱乐社交平台”；吴云松一上任，就大刀阔斧砍掉了 300 多个“露大胸脯”的美女直播账号。他为花椒定的基调是高大上的“强明星属性”：“要砍掉花里胡哨的秀场模式。”

吴云松用“房子理论”来阐释花椒直播现在的运营逻辑，放到“屋顶”的是明星，成为直播平台内容中最重要的一部分。他告诉记者，金牌编剧于正是第一个走进花椒直播室的明星。收到邀请时，他扭捏不肯，觉得自己的大头像出现在一群性感美女中，画面不太和谐。吴云松找他聊了一顿饭的工夫，亲自带着他参观了砍掉“秀场”的直播室。一番游说下，于正试播了几分钟，觉得还挺像那么回事，于是注册了“于正小朋友”的账号，在花椒上开了直播。

如今的花椒直播页面，王祖蓝、李维嘉、胡军等明星都成了常客。吴云松的畅想是，随着入驻明星越来越多，直播平台的雪球一定越滚越大。

让吴云松心情大好的是，明星入驻计划成效显著。“宅男女神”柳岩来直播的时候，与花椒员工玩起了“寻男神”游戏，给程序员“按摩”“喂饭”，戏剧感十足。结果直播开始 30 分钟，关注用户就超过了 400 万，整场直播下来，PC 端和移动端在线人数加起来接近 600 万，“普通主播很难有这样的用户量，明星确实比素人主播更‘吸睛’”。

“房子”的内容怎么做？吴云松请文化人来“填”。“情感奶爸”陆琪入驻花椒直播，染了一头“奶奶灰”的发色，穿一身提前凹好的造型，就这样摇晃着红酒杯，出现在镜头前。他幽默犀利、快言快语，惹得粉丝们忍俊不禁。此外，你还可以在花椒直播上看袁腾飞讲历史，听徐德亮讲鬼故事。并且花椒正在酝酿与文化娱乐类节目合作。全程直播的超级女声赛事，就获得不低的关注度。

商业新秀是花椒直播平台引入的又一大法宝。酒仙网 CEO 郝鸿峰就常在花椒直播分享生活点滴，有一次直播了一场亲赴的饭局，展示了几瓶还未上市的酒。气氛“嗨”起来了，他甚至一时兴起说每增加 1 万观众自己就干一杯。

结果直播间进来了 52.8 万人，52 杯酒下肚，郝鸿峰直接歇菜。好在效果出奇地好，通过和粉丝互动交流，酒仙网获得了一次免费的直接宣传。打这以后，来花椒直播的创业明星就多了起来。“对企业、对花椒，这就是个双赢的事。”

现在，花椒与黑马学吧正联合打造一档创业挑战节目《大咖驾到》。像李开复、徐小平这样的商业大咖在花椒上讲创业，甚至公开招学徒。在这些商业大佬中，丰厚资本创始人杨守彬直播吸引了 521 万人观看，成了投资界的 “直播第一人”。

“我们始终将内容摆在第一位。现在的花椒更多元了，不仅有素人生活秀，还有强大丰富的专业人才。”吴云松把这种“高大上”的调性看作催化剂。“与各行业精英碰撞思想，产生了大量高于行业标准的优质直播内容。这些优质内容也保证了用户优质，反过来又成为各行业入驻花椒最重要的吸引力。”

站在最火爆的互联网风口

说到直播平台的营利模式，吴云松相信，不管是淘宝这样的电商，还是 papi 酱这样的内容生产者，所有平台到最后都是要变现的。

在传统“秀场”模式直播平台，高额打赏成了最主要的营利来源。尤其是素人主播，只要愿意向粉丝献媚，就能收到源源不断的“玛莎拉蒂豪车”——这些虚拟礼品都是观众砸真金白银买下的，平台抽成 70% 到 80%，剩余部分则是主播的个人收入。当然，“土豪”粉丝以男性居多，所以吴云松说，自己不太喜欢这样的“男权主义”。

未来，打赏不再是花椒的主要营利方向。吴云松想出了一个参照点击量结算主播“工资”的方法——举个例子，如果每千人点击对应 6 元钱，房间人数 600 万，一天就能挣 3.6 万元。如此一来，主播不用为了那些虚拟奖品一味迎合个别“土豪”，而是把注意力都放在提高总流量上。“播得好就赚得多，播不好就赚得少，花椒主播靠真本事赚钱。”

那花椒直播平台怎么赚钱？吴云松的答案是：一靠广告，二靠电商。

“就在两个星期前，一家化妆品厂商找上门要谈合作，希望花椒网红口播两句产品宣传语。这可不是我们主动往前推，而是用户需求跟着你走。”至于广告具体怎么播，吴云松也想好了。“主播休息喝水的间隙，观众陪着看一段 15 秒的广告。因为只有 15 秒，很少人会和看电视一样‘啪’地就换了台。”

花椒电商也在紧锣密鼓筹备中。不过，吴云松只打算引入“轻度电商”的概念。“什么是轻度电商？就是不做不相关的商业行为，比如只卖为主播量身定制的个性产品。印着网红大头像的雨伞，伞打开她就冲你笑，哈哈，很有纪念意义吧？” 站在 2016 年最火爆的互联网风口，“直播 +”成了颠覆传统企业经营的最新玩法。

“更重要的意义在于，花椒这个私密朋友圈，将改变人们的社交模式。它跟微博一样，也是个社交平台。以往用户通过一小段文字、几张图片，或者是小视频等扁平化的素材去感受和想象产品特性。直播是一个更强的平台，更加真实立体，每个人都能为自己代言发声。”

但不可否认，与其他直播平台一样，创立仅一年的花椒仍在“烧钱”抢流量。不过吴云松很乐观。“现在的直播行业就像前几年的手游，大量的资本涌入，大量的公司出现，这是发展的必然阶段。”

那什么时候能营利？他想都没想，脱口而出三个字——“分分钟”。“就像当年的淘宝和滴滴打车，如今我们也在赌下一个未来，它可能下一秒就会实现。”

“希望更多人懂直播”

其实在加入花椒直播前，吴云松就一直游走于视频软件行业。工科出身的他曾游学英国，拿下雷丁大学计算机硕士、博士学位，毕业后在索尼做过图像压缩算法工程师，后来又跨入教育行业，在高校搞软件视频研究。朋友说他出任花椒 CEO 是一次“华丽转型”，吴云松想想说，其实点与点之间都是紧密相连的。“图像的压缩质量、卡顿现象、美颜计算方法，大家讨论的这些技术，我都是门儿清的。”

不光是技术，吴云松对画面美感也有执念。他喜欢满世界旅游、拍片儿，打哈哈自封为“京城顶级摄影师”，采访时就直盯着摄影记者手里的相机说：“你那个我玩很久啦，直播室里的灯光都是我找朋友设计布置的。”

做管理，吴云松绝对是实干派。花椒员工都叫他老吴：“老吴是个光速的人，他说的事 48 小时内必须兑现。”不过在吴云松自己看来，最适合的标签还是“花椒大土豪”“花椒首席直播者”“认识美女最多的人”。

唯独聊到大众视野里直播平台的负面新闻，吴云松才严肃起来。他带着《环球人物》记者拐进直播间旁边的监控室，一屋子的人吭哧吭哧地弄着电脑，不时抬头看看墙面上密密麻麻的直播显示器。他们要保证，一旦发现涉暴涉黄的直播内容，必须在 5 秒内“咔嚓”切掉。吴云松说，博眼球引流量就是饮鸩止渴，最终坏了名声，潜在用户也跑了。

“如果要分析直播行业现在面临的最大壁垒，我倒不认为是企业的负面新闻，全民对直播的认识更加重要。现在的‘天花板’都是直播公司用资金和人力顶上去的。只有越来越多的人，尤其是越来越多的年轻人开始懂直播、懂直播 +，行业才能真正发展。”

（撰文：毛予菲 / 王媛媛）

从左到右依次是 CEO 罗伯特·理查兹、总裁纳威·简恩、首席战略官巴尼·佩尔。

"太空三剑客"：月亮上帮人建墓地

把人的骨灰送入太空，在月亮上安葬。这是一个听起来很奇幻的想法。但纳威·简恩和他的两位合作伙伴正在将想象变为现实。三人创建的月球快递(Moon Express)是一家致力于太空探索的高科技公司，用简恩的话说，他们要用“颠覆性的方法使人类加速迈向太空”。8 月 3 日，月球快递宣布已获得美国联邦航空管理局的登月许可，成为全球第一家拿到私人探月执照的公司。

有来头的“老司机”

在月球快递公布的一系列商业开发项目中，最吸引眼球的就是“月球葬”服务。作为联合创始人兼总裁，简恩开出的价格是每公斤骨灰运费 300 万美元。照此计算，一个普通人要想在月亮上长眠，大约要花费 500 万～ 800 万美元。尽管价格高昂，市场需求却不小。全球有数量庞大的“太空迷”，很多人愿意把钱花在这项服务上。简恩透露：“现在已经有很多人在排队了，我们有一个长长的客户名单。”

在外界印象中，高科技公司的创始人都是毛头小伙子，但月球快递 3 位创始人的平均年龄却超过 50 岁——简恩 57 岁，首席执行官（CEO）罗伯特·理查兹 57 岁，首席战略官巴尼·佩尔 48 岁。在联合创业前，他们都是各自领域的佼佼者。

简恩是印度裔美国人，1979 年毕业于印度理工学院。1996 年，已经在微软工作 7 年的简恩创建了自己的第一家企业“信息空间”，开发各种搜索引擎，一度成为美国北部最大的互联网公司，后来在纳斯达克上市。但随着谷歌等新巨头的崛起，他的公司很难再做大。2002 年底，简恩卖掉了自己的股份。一个月后，他的第二个“作品”就诞生了——一家为消费者和企业提供决策建议的信息网站。简恩对此投入了很多心血，直到 2015 年 6 月才卸任 CEO。

在创业过程中，简恩意识到人类所面临的一些严峻问题，希望科技企业在实现商业价值的同时，也能“通过创新来解决世界面临的最大挑战”。正是怀着这样的理想，他与佩尔、理查兹才走到了一起。

佩尔本科毕业于斯坦福大学，1993 年获剑桥大学计算机博士学位，之后进入美国航空航天局（NASA）下属的艾姆斯研究中心，做了 5 年基础研究。从 1998 年至今，他参与创建了 20 来个公司，其中一个在 2008 年被微软以 1 亿美元收购。

或许是因为科学家的背景，佩尔在企业里的角色大多是天使投资人或技术顾问，他也非常享受培养年轻人的过程。2009 年，谷歌与 NASA 合作开办了奇点大学，致力于培养世界顶尖科学家，佩尔当仁不让地成为联合创始人，并从此与谷歌建立了密切联系。

如果说简恩长于管理，佩尔长于战略，那么理查兹的优势则是技术实践。他是加拿大人，早年毕业于加拿大瑞尔森大学。在太空技术领域，理查兹是一位实干家，多年来不断开发太空项目。最令外界瞩目的成就是在 2008 年，他领导的技术团队操控美国“凤凰号”火星探测器，不仅在行星表面成功着陆，而且首次发现火星上也会下“雪（干冰）”。这个项目花费了理查兹 7 年时间，也为他带来了巨大声望。

就是这样的三位“老司机”，为同一个目标走到了一起，那就是——登月。

大奖引来好项目

2007年，探索之心已经冲出地球的谷歌公司设立了一个前所未有的商业奖项——月球X大奖。这是一项无人飞船登月竞赛，所有参赛团队必须由私人资助，将自己研发的探测器送上月球，至少行驶500米，并向地球发回高清照片和视频。当然，前提是参赛者要拥有运载火箭，不管是自己造还是与私人火箭发射公司合作均可。首先完成任务的队伍将会获得2000万美元的奖金。谷歌希望以此推动太空项目的商业化发展，尤其是鼓励私人企业的参与。

在之后几年中，来自全世界的30多支队伍相继参赛，项目越做越多，竞赛期限也从2012年底延长到2017年底。在这个过程中，涌现出不少颇有前景的商业计划，月球快递就是其中之一。

简恩、佩尔和理查兹的“组团”时间并不早。2010年8月，他们才注册了月球快递，总部位于美国著名的航天中心——佛罗里达州卡纳维拉尔角。技术团队都是现成的，而且有不少企业主动投钱。到目前为止，月球快递已经完成了C轮融资，投资方包括中国企业腾讯。

月球快递的“杀手锏”是其研发的MX-1登月器。此前大部分参赛者的计划是将一辆月球车送上去，躲避开月球表面的各种障碍，行驶完规定距离。但MX-1的方案与众不同，它着陆后会用摄像头观测周围环境，然后再次起飞，落到至少500米远的地方，从而完成任务。可以说，MX-1是一个飞行的燃料箱，不仅是一个登月器，还可以作为卫星平台，甚至能变成太空垃圾的清理卫星，功能十分强大。不过，为了把MX-1送上月球，“三剑客”必须与一家火箭制造商合作，先把登月器送入轨道，绕月几圈后才能着陆。

采矿才是大生意

在外界看来，太空项目耗资巨大，区区 2000 万美元的奖金连塞牙缝都不够。事实的确如此，但对月球快递来说，赢得大赛头奖相当于有了一块磁石，后续的商业利益才是他们真正的目标。从这个意义上讲，"月球葬"服务也不过是九牛一毛，真正的价值是月球上蕴藏的矿产资源。

对此，简恩说得非常坦率："我们选择登陆月球并不是因为它容易实现，而是因为它是一桩好生意。我们在地球上拼命争夺的资源，无论是土地、净水还是能源，在太空里都无比丰富。"月球被认为含有大量的铁、水、氮、氢，还有稀土金属和贵金属。很多资源可以运回地球销售，铁矿石则可以用于建设未来的太空"殖民地"。最重要的是，某些元素能用于聚变反应堆的太空燃料，而且不会产生核污染。理查兹因此将月球称为地球的第八块大陆："拿到许可后我们就可以自由探测了，希望能为地球找到新资源，造福全人类。"

简恩有句名言："水就是太阳系的石油。"在他们的商业计划中，月球表面的冰层可以用来生产火箭燃料，这不仅能把矿藏运回地球，还可以使月球成为一个新的发射基地，帮助人类开启小行星带、火星甚至更远的太空商业旅程。正因如此，"三剑客"经常将 MX-1 比作苹果手机，认为其中蕴含着巨大商机，未来的商业价值是难以想象的。

作为首个获准向地球之外发射飞行器的私人公司，月球快递为同行们树立了一个可供借鉴的模式。目前，他们计划的登月时间是 2017 年。在正式发射之前，团队仍然需要测试登月器的各种性能，运载火箭也还在改进与调试之中。无论首次挑战能否成功，人类都将踏上探索太空的新征程，而且将有越来越多的私人企业加入这一行列。想想就很激动呢。

（撰文：尹洁）

帕特里斯·巴斯蒂安

巴斯蒂安：把中国小白鞋变成国际潮品

人物简介：

帕特里斯·巴斯蒂安，1970年出生于法国，2005年买下中国飞跃球鞋海外商标权，将其打造成欧美前沿时尚潮牌，如今在全球拥有160多家专卖店。

一线大牌秀场，街头潮人自拍，出镜率颇高的是一双白鞋。帆布面、橡胶底，印两道红蓝折线，还有个极具中国时代特色的名字——飞跃，这双起源于20世纪50年代，被记忆尘封的中国球鞋，沦为北京天桥下20元的地摊货。而在地球另一边，时尚之都巴黎或伦敦，它的价格翻了50倍，卖到1000元，还在全球开了160家专卖店。

更让人意想不到的是，让小白鞋起死回生的是个法国人——帕特里斯·巴斯蒂安。经历半世纪的中国国产老品牌最终走上了被外国人一捧红遍世界的道路。

“快买下它”

即使今天再不济，飞跃球鞋也曾影响一代中国人。它的故事要从20世纪五六十年代的上海大孚橡胶厂说起。

飞跃诞生于1958年，在那个被军绿色解放鞋统治的年代，红蓝条纹的新奇样式已经算是一种颠覆了。其工艺在当时也被看作一流。大孚橡胶厂自1920年起开始制鞋，工人们手工黏合鞋面与鞋底，再靠缝纫机缝合，整个过程没有丝毫马虎，精确程度比得上机器。那时候还没有“潮”这个词，但人们知道赶“时髦”，好看、柔软、舒适、轻便又耐穿的飞跃球鞋，每年销量达到了400万双。到了20世纪七八十年代，飞跃更辉煌了，成了国民鞋，每个年轻人都有一双。中国的第一代球鞋爱好者，应该从飞跃的粉丝开始算起。

但到了20世纪90年代，飞跃一落千丈，原因之一是大量国外球鞋引入，国人一下子投入进口球鞋怀抱。在舶来品夹击下，国内鞋厂一蹶不振，飞跃也少有创新，仍只有红蓝两色的装饰图案。更严重的是，假冒产品充斥，质量参差不齐。因为捂脚、易臭，好多人不爱穿了，仅有一些寺庙武僧或武术爱好者仍把它当作练武鞋使用。

转折从巴斯蒂安一眼看中飞跃的那天开始。这简直就是个“灰姑娘”的故事。2005年，35岁的巴斯蒂安在一家活动策划公司任艺术总监，往返于北美与亚洲已经15年，偶然在上海街头发现这双小白鞋，瞬间被震撼得大喊：这比很多法国鞋设计得好看多了。巴斯蒂安见到飞跃工厂的经理，被告知因销量下跌工厂经营状况很糟。他脑海里就有个声音“快买下它！”10天后，商标海外权Feiyue被收入囊中。接下来的几个星期，巴斯蒂安索性辞了工作，飞回法国，组建了小团队，很快捧红了这双在中国快销声匿迹的白球鞋。

“飞跃”重生

Feiyue成功逆袭，一方面得益于巴斯蒂安的眼光。时尚就是个兜兜转转的怪圈，满世界刮起复古中国风的时候，他牢牢抓住了机会。

巴斯蒂安还将Feiyue成功的原因总结为三点：不错的故事、不错的设计和不错的营销手段。初到法国推广的时候，他为这双小白鞋赋予了一个极具情怀的故事：不论是农民还是政客，足球队长还是少林方丈，人人拥有一双。飞跃以它的活力、柔韧以及舒适，成为中国武学人的必备之品。按中国传统，飞跃意味着向前飞翔。

更重要的是设计。巴斯蒂安有艺术方面的工作经历，对审美见解独到。最初拿到Feiyue，他坚持保留当年的简洁Logo和轻便材质，“即使过了几十年，这些元素依然非常符合极简潮流趋势”。而Feiyue现在的经典款就是那双“红蓝折线”，看起来和60年前的中国飞跃没什么区别。

Feiyue的改良设计大打中国功夫牌，外国人很吃这一套。巴斯蒂安在第一个广告中安排了穿飞跃鞋的中国功夫剪影，背景配上“少林功夫”4个大字。之后的产品系列命名大多也来自中国武术，比如Shaolin Soul（少林精神）、Mantis Style（螳螂拳）、Monkey Claw（猴拳）等，卖得都很好。

巴斯蒂安团队在创新设计中，还针对女性消费者推出了粉色款，取了个暖心名字“Sweetwind（溏心旋风）”。专为儿童设计的Kids系列也大受好评，超模米兰达·可儿抱着儿子出街，就给他穿上了迷你Feiyue。

成功的品牌营销功不可没。巴斯蒂安买下Feiyue商标时没有任何市场经验，还曾无奈地跟朋友摊手询问：“究竟该怎么做？”一番调研后，他走了一条自己的路——建了个互动网站做宣传，别出心裁地为Feiyue建立“个人档案”，写上每双鞋的出生地。

明星效应也玩得炉火纯青。团队找到好莱坞“精灵王子”奥兰多·布鲁姆，当他身穿墨绿外套，叼着香烟，叛逆不羁出街被狗仔“捕捉”时，脚上就踩着一双半旧Feiyue。人们看到照片后纷纷询问来历，巴斯蒂安趁热展开与其他品牌的合作，比如与奢侈大牌赛林推出联名款，小白鞋借此登上《ELLE》等时尚杂志封面。

几年后，中国国内飞跃工厂面临破产，巴斯蒂安的Feiyue却已经大红大紫。现在，Feiyue开始在瑞士、荷兰、美国甚至韩国流行，被许多明星潮人穿上街。香奈儿和范思哲的品牌宣传形象大使迪瓦伊就曾脚踩Feiyue参加活动，韩国当红炸子鸡EXO朴灿烈、少女时代徐贤也都是Feiyue粉丝。

灵感来自生活

国人反思称，巴斯蒂安给中国品牌上了堂营销课。也有专家认为，飞跃最欠缺的不是硬件，而是思维。

Feiyue 火了以后，巴斯蒂安接受了媒体采访。他坚持，其实很多商业思维来自生活。巴斯蒂安是狂热的球鞋收藏爱好者，16 岁就开始关注各式各样的鞋子，后来因为工作在东京住过一段时间，那是一个鞋子的天堂，他平均每星期要买六七双。“所以后来我再看到欧洲老款球鞋就觉得腻歪，发现飞跃的时候，真的是眼前一亮。”

巴斯蒂安善于把自己浸在环境里。在中国的时候，他伪装成土生土长的上班族，每天穿一双工人样式的鞋，骑自行车去办公室。连朋友都说，“这样的状态本身就蕴藏着商机”。平时生活中，巴斯蒂安与妻子斯伦贝谢也很随性，他们邀请媒体去了两人的公寓——墙角有花瓶、旧吉他、玩具，还有原木储物柜和雕花栏杆，复古又清新。斯伦贝谢说，希望每天能这样开心地工作。后来，两人有了儿子，三口之家一起去博物馆、滑雪，在旅行与聊天中吸纳养分。

巴斯蒂安还跟媒体聊到未来，他希望 Feiyue 能更国际化，被更多人认识并喜爱。不过他从没想过要带着 Feiyue 再回中国市场。为了保护辛苦打造的品牌形象，避免成为中国假鞋的模仿对象，他把飞跃鞋的所有改良、设计和生产都放在法国完成，坚决拒绝中国代工。这样看来，火遍全球的 Feiyue 或许真和中国没任何关系了。

（撰文：毛予菲）

从左到右依次为李恩祐、李一诺、杨媛草、石嫣

达沃斯女青年领袖，温柔地改变世界

人物简介：

李恩祐，1979年出生于香港，美国耶鲁大学经济与国际事务双学士，斯坦福大学法学博士。曾供职于华尔街投行和律师事务所，2008年回国，在中国主权基金中投公司工作，2014年出任耶鲁北京中心首任董事总经理。

李一诺，39岁，清华大学生物系学士，美国加州大学洛杉矶分校分子生物学博士。2015年6月出任比尔及梅琳达·盖茨基金会北京代表处首席代表。长期关注人类健康挑战，积极推动慈善公益领域的国际合作。

杨媛草，1980年生于重庆，获英国卡迪夫大学大众传媒和社会学学士。2011年将《中国达人秀》《中国好声音》等节目的海外版权引入中国。现任IPCN国际传媒首席执行官。

石嫣，1982年生，河北保定人，中国人民大学博士，清华大学博士后，现为分享收获CSA项目创始人与负责人。

在中国，“妇女能顶半边天”是对“男女平等”一词最通俗而喜闻乐见的诠释，也是对女性领导力的独特褒奖。这句俗语在2016年达沃斯世界经济论坛评选的“全球青年领袖”名单中得到了充分验证。入选的121位人士来自世界各国，年龄都在40周岁以下，其中女性占据了半壁江山，而且很大一部分来自新兴经济体，涵盖了科技、政治、商业、社会、艺术等领域，充分展示了女性在世界舞台上的影响力。

2016年6月26日至28日，世界经济论坛第十届新领军者年会（即夏季达沃斯）在中国天津举行，主题为“第四次工业革命：转型的力量”。围绕这个主题，《环球人物》记者在“全球青年领袖”中专访了4位中国女性：李恩祐、李一诺、杨媛草、石嫣。她们背景各异，但都在自己的领域取得了出色成绩，更以极大热忱推动着政府、社会与世界的进步。

李恩祐：倡导提高女性领导力

站在耶鲁北京中心最大的会议室里，CBD商务区的一半景色尽收眼底。《环球人物》记者忍不住赞叹，工作人员笑道：“另一边看到的景色更漂亮。”

李恩祐的办公室就在另一边。作为该中心的掌门人，她的一个工作习惯是站着回复邮件。采访前一天，她从上午9点一直忙到晚上9点。“好在离家不远，到家的时候正好能给儿子讲个简短的睡前故事。”她笑着说。

邀请世界上最有影响力的嘉宾，面向广大民众开放，这是李恩祐带领下的耶鲁北京中心的一大特色。这家成立于2014年10月的机构，是耶鲁大学在校外建立的首个全球性中心。李恩祐负责联系中国和世界政、商、学等领域精英，通过各种项目和活动，促进领袖间的对话与合作。

“耶鲁大学的校训是‘光明和真理’，希望传播知识如同阳光照耀世界。”李恩祐说，“我们想让所有人都有机会感受到耶鲁的学习氛围和优质的教育资源，为他们提供与世界上最有影响力的人面对面交流的机会。”2015年以来，耶鲁北京中心举办了近200场高质量的活动，邀请到的嘉宾包括现任美国能源部部长欧内斯特·莫尼兹、美国驻华大使马克斯·博卡斯、澳大利亚前总理陆克文、红杉中国基金创始人沈南鹏、真格基金创始人徐小平等。

李恩祐天生一张娃娃脸，很爱笑，看起来比实际年龄小一些。其实她的人生经历比大部分同龄人都要丰富：出生于香港，12岁赴美留学，16岁考入耶鲁，20岁进华尔街投行，不久又到斯坦福读了法学博士，2006年进入全美排名前三的律师事务所。2008年回国，就职于国家主权基金中国投资有限责任公司，负责专项及私募投资项目。

这份傲人的履历背后是不为人知的艰辛：刚回国的时候，李恩祐几乎不会说普通话，花了两年时间下苦功，买了许多书籍，每天定时练习普通话和书法；耶鲁北京中心举行成立仪式的时候，她正怀第二个宝宝38周，挺着大肚子从选址、装修、招聘到联络校友，每一个细节都精心推敲。

这种力量源自李恩祐对自我价值和社会价值的双重追求。近些年，她一直希望能够为社会做出自己的贡献，也积极倡导和推动女性领导力的发展。“我从小喜欢阅读，却发现杰出女性的传记很少。在大学申请面试中，我说想成为一名政治家，面试官却笑问：‘女政治家？在中国？’后来我渐渐发觉，人们习惯于对女性指手画脚，女性在发展过程中有诸多阻力和障碍，有些来源于社会，有些来源于自我认知不足。”

2013年，受脸谱公司首席运营官雪莉·桑德伯格《向前一步》一书的启发，李恩祐和几位女性朋友创立了一个女性互助组织Lean In China（“向前一步”中国组织），通过各种活动，帮助更多职业女性发掘自我价值，实现家庭和事业的双赢。

通过调研，李恩祐发现中国职业女性普遍面临3个方面的问题：缺乏自信、缺乏身边的榜样、很难在自己的圈子之外建立人脉。针对这些问题，Lean In China开展了3个项目：圈子计划、导师计划和领导力计划。“我们通过在全国建立活跃的女性圈子和互助社区，帮助女性树立自信；通过导师计划为职业女性找到学习榜样，支持她们的职业发展；通过开展领导力讲座和软技能培训课程，为她们打造交流平台，建立人脉，培养女性领导力。”在耶鲁北京中心举办的活动中，李恩祐也经常邀请女性领导者分享成功经验，鼓励年轻女性在职场、家庭和生活中承担领导者角色，获得更平衡、更长远、更可持续的发展。

李恩祐对《环球人物》记者表示，中国女性相较于其他国家的女性，在职业发展中也有许多优势。“即使跟硅谷比，中国杰出的女企业家也较多。这可能得益于中国的传统理念和社会环境，老人愿意帮忙照顾孙辈，家人的支持和分担使中国女性可以在婚后继续追求事业，在政治、科技、经济、文化等各领域，出色的女性领导者层出不穷。”

对于此次入选“青年领袖”，李恩祐非常兴奋。“中心创立只有一年半的时间，获得这个认可很让人鼓舞。这个奖项也是给耶鲁大学的，过去100多年来，耶鲁在中国有了很深的积淀。未来我希望能通过耶鲁北京中心和Lean In China，更好地为国家和社会服务，传播知识、搭建沟通桥梁，也为持续推进女性领导力的发展贡献自己的力量。”

李一诺：让更多人成为“乐天行动派”

作为全球最大的私人慈善基金会的中国掌门人，李一诺的头衔是“比尔及梅琳达·盖茨基金会北京代表处首席代表”。此外，她的身份还有加州大学洛杉矶分校分子生物学博士、麦肯锡前合伙人、公众号“奴隶社会”共同创办人，以及3个孩子的母亲。

在外人眼中，李一诺是“平衡事业和家庭的典范”，她自己却觉得“生活没有平衡点，如果有也是装给别人看的”。她甚至把生活比喻成“酒驾”——虽然别人看来歪歪扭扭，但自己很high，在保证不出事故的前提下朝着目的地蜿蜒前进。在她看来，很多事情根本无法预期，所以不必过多关注“平衡”，因为它可能带来更多的焦虑和不安，倒不如做一个脚踏实地的“乐天行动派”。

李一诺曾经是跨国公司的高管，因为与盖茨的一次长谈改变了自己的职业方向，那次两人聊了两个小时。“他对我讲为什么要做慈善，还有一些我们平时不会去想，也没有解决办法的全球问题，比如健康、粮食安全。现在我们大多不用担心下顿饭吃什么、今年的谷物产量够不够，但这些事还得有人去思考，比如应该种土豆还是小米，因为不同农作物的产量差别很大，对当地人的生活会产生巨大的影响。”

那次谈话给了李一诺很多启发，认识到公益慈善的真正价值。“通常越是影响力广的事情，做的人反而越少。因为影响力大的议题需要全社会多个组织的协调，复杂度很高，而能获得的资源却很少。因此，公益慈善组织要带头探索新的模式，一旦成功就会有更多的人参与进来，真正开始解决问题。”

盖茨基金会成立于2000年，愿景是“所有人都能过上健康而富有成效的生活”。自从2007年在北京设立代表处后，基金会在中国的项目就一直围绕着健康和发展这两大主题开展。李一诺上任一年多来，团队及合作伙伴在一些关键领域取得了不错的进展。

“去年10月，我们与卫计委合作开展了新一轮的结核病防控项目；今年1月，我们与清华大学签署协议，联合在北京建立全球健康药物研发中心；5月，我们与国家旅游局联合推出的‘全国厕所创新大赛’举行了颁奖仪式。”这个大赛收到的方案来自多个国家，创意五花八门，都是针对无水、无电、高寒和生态脆弱等特殊条件设计的。李一诺说，希望这些创新方案能切实改善中国和其他发展中国家的卫生状况。

“希望我们的资金能够起到催化剂的作用，吸引更多资源，汇聚成一个可以共同发挥作用的平台，从而实现系统性的改变。我们把这种方法称为催化式慈善，与传统的捐钱捐物非常不同，也可以说是‘最不像慈善的慈善’。”

这种合作通常需要“三足”——政府、营利性企业、公益慈善组织各施长处，共同合作，才能实现最终的社会目标。一个典型的例子是基金会在2000年发起成立的GAVI（全球疫苗免疫联盟），其工作方式并不是直接为贫困家庭购买疫苗，而是通过发行“疫苗债券”，在资本市场筹集项目资金，降低企业的投资风险和生产成本，实现全球疫苗免疫系统的可持续改变。在一整套体系的运作下，GAVI把3项优先疫苗的人均免疫成本从2010年的35美元降低到2014年的22美元。

李一诺坦言，女性在专业领域里的确要面对挑战，最绕不过去的事就是生孩子。外界好奇的是，她如何在兼顾事业的同时，4年中生了3个娃。李一诺觉得，首要的一点是保持旺盛的精力，锻炼必不可少；另外就是关注自己的精神层面，保持积极向上的状态，“先要领导好自己才能领导团队”。在她心目中，当领袖首先要具备前瞻性和战略眼光，看得清未来方向；其次要“接地气”，真正了解所从事的工作，同时脚踏实地。

对于未来中国的慈善事业，李一诺充满信心。“中国家庭财富总值在2015年已经跃居世界第二，慈善活动日益踊跃。许多企业家积极投身公益，越来越多的私人基金会涌现出来；另一方面，社交媒体对普通大众，特别是年轻一代参与公益起到了推动作用。”她看过一组数据，在腾讯网的捐款平台上，79%的捐款人为15～29岁的青年人。

“我希望大家都能够成为‘乐天行动派’，面对世界性的问题和挑战都能乐观对待，把自己内心的充盈变成正能量，影响周围人。此外还要有行动，这不仅仅是去一线挽起袖子做事，也包括把自己的想法传播出去，让更多的人参与进来。”

杨媛草：用娱乐的精神传递大爱

杨媛草曾形容自己是“最正宗的重庆女人”。她出生在离解放碑几步之遥的临江老城区，闻着隔壁火锅店的香辣味长大，骨子里的热情和泼辣赋予了她不断前进的动力。

18岁那年，外婆与父亲相继去世。杨媛草放弃了保送国内大学的机会，通过努力拿到了英国新闻学名校卡迪夫大学的录取通知书。在处理掉父亲工厂里的存货后，她踏上了异国的土地。经过几年的苦读，杨媛草于2003年获得了BBC新闻新人奖。两年后，她在伦敦成立了自己的影视制作公司“野草”，其拍摄的纪录片获得了英国伯乐奖。2007年，杨媛草与英国同行联合成立了版权经营公司IPCN，并出任CEO。

杨媛草把公司性质定义为“节目模式中介”，即通过授权的方式，把外国优秀的节目方式引入中国，被授权方拥有制作权、播出权、商业权，再和国内电视台一起完成节目的本土化。此类交易在欧美市场很大，但在中国，第一个做模式引进和运营的人是杨媛草。

“一开始，我们只是把A的东西卖给B，收取中介费。但很快发现，这种工作很容易被取代，于是我们就转型成独立的模式内容发行公司。”杨媛草对《环球人物》记者说。这非常考验公司的眼光、实力和运作能力。“我们比较幸运，《中国好声音》和《中国达人秀》都成功了。”

引进《中国好声音》让杨媛草在中国娱乐界一战成名。2011年，她从荷兰一家公司手中买断了原版权模式在中国的独家发行权，并将制作权转卖给灿星，播出权则授予浙江卫视。这个节目一炮打响，在全国引发了一场“好声音”狂潮。之后，杨媛草又协助央视打造了《中国好歌曲》，并拿到了A轮融资。“现在我们对自己的定义就是面对中产阶层的内容开发商。”

大众传媒和社会学的教育背景，让杨媛草在商业追求之外，也兼具公益情怀。“做《中国好声音》的时候，也怀着振兴内地流行音乐的想法。在商业变现和赚快钱的速度上，我们肯定比不上明星类节目。每个行业都有自己的丛林法则，但我们也有自己追寻的东西。或许运气不好就做不下去了，但我们会努力坚持。”

2014年，杨媛草制作了一档名为《小善大爱》的社会公益类节目。从有想法到在电视台播出，她用了将近7年的时间。

“汶川大地震时，国外有一些对中国不友善的言辞，引发国内网友的反驳。当时我看到一位香港义工的话：用争论的时间为灾区做点实事，不要让今天的悲惨变为明天的废报纸。这句话对我的触动非常大，作为媒体人，我能做什么？于是就有了做一档公益节目的想法，每期让一位成功企业家隐藏身份，深入民间，寻找和资助需要帮助的平民英雄。”

然而理想和现实的差距很大。当时，电视台从市场营收的角度并不认可此类节目，成功人士对上电视有顾虑，民间公益组织也不太正规。种种因素的作用下，这档节目一直做不起来。但杨媛草没有放弃，不断游说各方。“我们决定自负盈亏，不让电视台掏一分钱。后来又有了赞助商，有了嘉宾，终于做成了。”

《小善大爱》播出两周后，360公司董事长周鸿祎和四川当地志愿者一起，探访了当年出川抗日的中国远征军群体。观众对该节目内容反响热烈，节目组在10小时内收到的捐款超过10万元。

节目一共做了8期，累计筹款1000多万元，全部用于公益事业。“说实话，这个节目的收视率并不高。时段不好，没有明星，我们也没有财力去打广告。但有一天，我在上海的一个老弄堂里吃饭，吃完后老板说：‘不用给钱了，你那个《小善大爱》挺好的！’这真的让我蛮感动的。”杨媛草对《环球人物》记者说，这个节目虽然没有像《好声音》《达人秀》那样带来实际利益，却实现了她做媒体人的初心。

“大家需要娱乐，需要解压，但如果都去做撕名牌、做明星节目，真的好吗？如果没有人关心媒体责任，这样的舆论环境也是不可想象的。”杨媛草觉得目前的行业氛围过于浮躁，“这不能怪某一家媒体或某个人，大家都要在市场中生存。但我希望能用娱乐的精神传递大爱的态度，今后还会坚持下去。”

石嫣：做一个长在土地里的“农人”

羊群啃着小草，慢吞吞踏着步子挡在路中央，在初夏一场大雨后，拖出一串泥巴脚印。这里是距离北京城区 70 公里的顺义柳户庄村，路旁有一片白花花的蔬菜大棚——石嫣的“分享收获”农场。

入口左手边的第一间大棚被石嫣改装成了办公室。一张老款办公桌、几台旧电脑、沙发旁的衣架上挂着几顶草帽。石嫣起身迎接《环球人物》记者。眼前的清华大学博士后穿一双户外运动鞋，宽松的牛仔裤，针织衫磨出了线头。长期与阳光土地在一起，她的皮肤晒成了健康的小麦色。

打扮颇具美国西部牛仔风格的石嫣，其实是个土生土长的“城里人”。她出生在河北保定，从小就习惯了各种钢筋水泥大楼。接触农村和农业，是因为高考那年“三农”问题成为热点，石嫣报考了河北农业大学，读了4年农业经济。2006年，因为成绩优秀，她被保送到中国人民大学硕博连读，师从“三农”专家温铁军。

如果说本科期间都是纸上谈兵，到了硕士，城里长大的姑娘开始下乡搞调研了。“温老师做研究脚踏实地，身体力行。尤其是对于农业，他总说要用脚去丈量土地。”

2008 年，26 岁的石嫣得到去美国农场交流实习的机会。“我将抛弃过去有些矫情甚至有些小资的生活方式，让自己的双手沾满泥土。” 这是她美国之行的开场白。那里和想象中的美国机械化农场不同，因为强调有机环保的理念，禁止使用任何化肥农药，只有一台小型拖拉机，几乎所有的农活都要动手做。她卷起袖子，第一次正儿八经下地干农活。

从温室种植到室外种植，浇水、移植、耕地、播种，拔草、喂鸡、施肥、采摘，每天从早上 8 点干到下午 5 点。半年后实习结束，石嫣给自己放假去纽约旅游。在鳞次栉比的建筑物堆里，她发现自己开始“晕楼”。石嫣说，那时她就喜欢上了“农家乐”乡村生活。

回国后，石嫣开了一座属于自己的农场——“小毛驴”，两年后又有了“分享收获”基地，彻底从城市搬到村里。2011 年，石嫣和同学程存旺在农场举行了婚礼，她捧了一颗西兰花走上红毯。打这之后，同样学农业经济的程存旺也在农村住下，除了做管理、安排旅游接待，两人的日常生活就是拔草、摘果子，看植物一天天长大。石嫣说，农业是唯一能将生活与工作结合得特别好的行业，“你可以生活在你工作的地方，你的工作也是为生活创造价值”。

决定开农场的一个更重要原因是，美国农场的经营模式让她深有感触。石嫣实习的那座农场叫作“地升”，是两个修女姐妹建立的。名字的由来是人类第一次登陆月球时，宇航员说“我们看到了地球从月球地平线升起的壮观景象”。

两姐妹认为她们的农场也是一种新的范例——顾客在每年种植季节初期就预付给她们一年的费用，农民和顾客共同承担种植过程中的风险；地升农场则必须使用有机环保的种植方式，保证食品安全；等到果实成熟，再由农场负责配送。这就是欧美流行的 CSA——社区支持农业模式。

石嫣的“小毛驴”是国内第一座 CSA 农场。她认为这种模式在中国的发展并不是简单地套公式，而是生产者与消费者之间建立直接信任的过程。

她的农场就是因为有会员和顾客的信任才走到今天。石嫣的信念是：“在SCA模式中，诚信是底线，也是最高的原则。”

有一次，农田里出现了一个来路不明的农药包装袋。石嫣立即给每位会员写下道歉信，表示会杜绝再发生这样的事。有人觉得她小题大做，石嫣就说起在美国地升农场时的一件事：在一次蔬菜运输过程中，箱子里的芦笋受冻变色，农场主发现后非常着急，挨家挨户打电话道歉。“破坏环境、破坏声誉的事，我一定要认真面对。”

发展至今，石嫣的农场有了一定的规模：在北京通州、顺义区共建了3个基地，近300亩土地，雇佣农人二三十名，会员600多人。农场收入主要来自会员的预付充值，盈利大概占10%。农民的收入也噌噌直涨。石嫣介绍：“之前40亩地，一年收入6万元，现在每年40万～50万元。”

石嫣和她的农场也为整个行业带来了变化。现在，全国CSA农场超过了500家，越来越多的农民因为有了稳定收入更加安心。石嫣最近的新项目“屋顶菜园”让城里人也爱上了种菜。在北京朝阳区的呼家楼小学、三里屯太古里商业区，她和团队把大楼屋顶变成了菜地。“我们带着种子、菜苗过去，学生、白领们一边聊天一边松土播种，屋顶变成了社区，也拉近了人们和土地的距离。”

聊到“青年领袖”的话题，石嫣感谢被认可。“原来参加活动，有著名影星、教授，而我的头衔是‘博士’。为什么不能有著名农人？每个人在自己的工作岗位上都可以发挥价值，不管是农民还是厨师，身份都应该被社会认可。”

此外，还有更深层的意义：影响社会的不一定是大公司，小农场也可以被无限分享。石嫣和她代表的不断探索创新的小群体，正在改变人们的生活。

（撰文：尹洁 / 毛予菲 / 蔡爽）

里德·霍夫曼

硅谷“人脉王”，卖的是关系

人物简介：

里德·霍夫曼，1967 年出生，1990 年获斯坦福大学符号系统学士，1993 年获牛津大学哲学硕士。2002 年创建领英，现任执行主席。2016 年 6 月，微软以 262 亿美元收购领英。

里德·霍夫曼给人的第一感觉是个“柔软的胖子”——宽大的身躯，厚厚的双下巴，戴着眼镜，总是笑眯眯的。但你千万别小看他，这个充满亲和力的家伙被称为硅谷的“人脉之王”，从美国总统到好莱坞的当红明星都是他的座上客，更不用说比尔·盖茨、扎克伯格这些改变世界的企业家。作为美国顶尖的创投者之一，霍夫曼投资或参与创建的公司有60多家，现在看来，其中最成功的“作品”就是领英。

2016年6月13日，微软宣布以262亿美元收购全球最大的职业社交网站领英。这不仅是美国科技界历史上最大的收购案，而且是一次“全现金”收购，这项交易为霍夫曼带来了29亿美元的个人收入。

“好价钱”是磨出来的

据霍夫曼自己透露，卖掉领英是一个艰难的决定。一年前，公司在新技术研发上陷入困境，资金压力越来越大。霍夫曼觉得与其面对更高的风险，不如寻找一个合适的大买家。对股东来说，股权变现是更实在的利益，而且解除资金压力后，技术团队可以全身心投入研发之中。

凝聚霍夫曼多年心血的领英是非常抢手的。根据美国证券交易委员会披露的信息，除了微软，还有4家知名公司都想收购领英。为了把公司卖个好价钱，霍夫曼充分发挥了自己的商业才能——在与各求购方的谈判周旋中，促使对方不断上调每股收购价格，微软最后的每股报价比开始时提高了 36 美元。

从 2016 年 3 月份开始，霍夫曼频繁会见美国科技界巨头，试探收购意向。5 月 4 日，微软提出了自己的收购条件：每股 160 美元，全部现金交易。两天后，领英董事会要求霍夫曼将价格提高到 200 美元。精明的霍夫曼没有继续跟谈判对手纠缠，而是直接去见微软的“太上皇”比尔·盖茨。在探讨了收购前景和潜在利益后，盖茨并没有给出确定的答案。

不过，得知消息的另一家求购方紧张了，他们在当天晚些时候重新提出了收购条件，不仅将每股报价上调到 171 美元，而且承诺一半以现金支付，一半以股权支付。又过了两天，微软做出了回应：每股涨到 172 美元。而霍夫曼则告诉董事会，他会努力使微软将价格提高到 185 美元以上。

果然，随着竞争对手不断抬高报价，微软也不得不一次次跟着提高价格。甚至当微软的律师们已经草拟完收购合同时，霍夫曼仍然放出风声，称他“不准备支持与微软的协议”。终于，一家求购方开出了 200 美元，但仍以现金加股权的方式支付。霍夫曼赶紧告诉微软：“我们还没答应他们，希望你们也涨到这个价，或者接近也行，但要全部付现金。”

2016 年 6 月 10 日，微软将报价上调到每股 190 美元。霍夫曼决定再推一把，称每股 196 美元将是“最好的条件”。次日上午，微软 CEO 纳德拉传来消息，董事会批准了这个价格，承诺全部付现金，但“是最后上限”，并希望当天就签协议。领英就此花落微软。

“手段低级点又何妨”

霍夫曼很会聊天，他的外表和谈吐总能给人以信任感。而且不管你跟他聊什么——商业、政治、科技还是文化，他都能做到“无缝切换”。这种本事很难说是先天还是后天的，因为霍夫曼的童年称不上幸福。1967 年，他出生在旧金山，父母都是激进的嬉皮士，结婚没多久就分开了。霍夫曼的父亲辞去了收入丰厚的律师工作，参加了委内瑞拉内战并牺牲在那里。母亲独自把霍夫曼带大。

18 岁那年，霍夫曼考入斯坦福大学，开始研究符号系统这一新领域。他的社交才能逐渐展现出来，不仅是研究小组领头人，还当了学生会主席。硕士阶段，他在牛津大学读了 3 年哲学，最后决定放弃学术，因为他想改变的是现实世界。

当时“社交网络”的概念只存在于学术模型中，但霍夫曼已经预见到这个领域的前景。1997 年，他创立了“社交网络”公司，是一个匿名的聊天平台，但很快就不行了。霍夫曼意识到，社交网站要想成功，必须让人们用真实身份注册。1999 年，他加入网络支付公司 Paypal，负责商业谈判。他自信“在与他人相处、拉近距离方面更有天赋”。Paypal 非常成功，最后由 eBay 收购。2002 年，霍夫曼再次进军社交网络，一个基于实名制和职场招聘的网站很快诞生，这就是领英。

数据显示，美国年轻人平均 2 ～ 3 年就会换一份工作，因此对求职、招聘、职场社交的需求很大。最初的两年里，霍夫曼把主要精力放在用户数增长上。从一开始，他就引导用户上传自己的邮箱联系人列表，然后领英会给这些邮箱发送试用邀请。很多人对此不满，但事实证明这是吸引新用户最有效的方法。“人们可能会说，我讨厌这些该死的邀请邮件！但只要有效，手段低级点又何妨？”霍夫曼这样解释。

2006 年，领英决定公开用户信息，只要在谷歌搜索某个人的名字，其主页就会出现在搜索结果的顶部。用户并没有因此离去，相反更多的人开始尝试领英。同时，领英也推出了增值服务，帮助用户建立和维系人脉。

目前，领英拥有超过 4 亿用户，2015 年营业收入近 30 亿美元，其中大部分来自会员增值服务。2011 年领英上市，持有公司 12% 股票的霍夫曼大赚了一笔。在微软收购前，他的身家约 40 亿美元。

远离闹市的亿万富翁

“柔软胖子”的一大特点，就是将吃饭视为头等重要的事，尤其是早餐和晚餐。因为霍夫曼要在这两个时间段里进行商业会谈。但即使天天有饭局，他要把朋友圈吃一遍也得花很长时间。

最高端的朋友当然是美国总统。2012 年，在奥巴马谋求连任期间，霍夫曼捐了 100 万美元给民主党，从此和奥巴马搭上了关系。现在，领英为白宫提供很多数据，全部来自网站收集的用户信息和招聘信息，这些数据在每年的政府经济报告中被作为重要参考。在霍夫曼看来，无条件地帮助奥巴马，就是在对世界施加影响力。

霍夫曼将今天的人称为“人脉网络人类”，他认为在这个时代，人们渴望自由，所以经常换工作，偶尔还要兼职，对创业的热情也更高，每一个人都想尽可能扩大自己的影响力。因此，尽管用户们对领英的“邮件轰炸”意见不小，却在不断完善个人资料，为找下一个工作做准备。

霍夫曼总是在各种场合强调人际关系网的重要性。他喜欢援引联合国的统计数字：今后 20 年中，全球需要 6 亿个工作岗位，而目前的商业公司只能提供 1 亿～ 2 亿个。霍夫曼认为，其余的职位将由创业公司来创造，而无孔不入的社交网络将使求职者充分展现自己。

现在，中国是领英增长最快的市场，霍夫曼每年都要来三四次。不久前，在北京的一次创业交流会上，他分享了自己的观点：“如果你决定创业，一定要在 6 个月内做出可用的产品。为了达到这个目标，你可以让员工统一租房，同吃同住。除了睡觉和锻炼，其他时间都应该投身于工作中。”霍夫曼自己创业的时候比这更拼命，但跟员工的关系却非常融洽。他的管理理念是“多赞美，少批评，因为人都是有缺点的”。在他看来，与工作能力相比，大家彼此信任更重要，员工能力稍差也没关系，只要学习意愿强就好。霍夫曼要求自己“尊重任何看上去不太重要的力量”，以及“把伙伴当成天才，他们就会更加努力”。

为事业奉献一切的风格也延续到霍夫曼的生活中。2004年结婚后，他和妻子决定不要孩子。“我最重要的事情还是事业，这也是我生活的主要动力。”生活中的霍夫曼被认为是反硅谷文化的典范。他和妻子住在远离市区的一套4居室房子里，作为亿万富翁，他既没有私人飞机也没有豪华别墅，唯一的奢侈品是一辆特斯拉汽车。在这位“人脉之王”的眼中，财富与他“改变世界”的梦想相比，简直不值一提。

（撰文：尹洁）

杰弗瑞·卡森伯格

卡森伯格写给中国的情书

人物简介：

杰弗瑞·卡森伯格，1950年生于美国纽约。曾任华特迪士尼工作室主席，1994年与斯皮尔伯格、大卫·格芬联合创立梦工厂工作室，2004年成立梦工厂动画公司，现任CEO。投资并制作了《怪物史莱克》《功夫熊猫》《疯狂原始人》等系列动画电影。

梦工厂工作室是好莱坞数一数二的独立制片大厂。2004年，梦工厂工作室将其动画部门分拆，成立梦工厂动画公司（下文称梦工厂）。在蓝天动画工作室与皮克斯动画工作室分别被20世纪福克斯和迪士尼收购后，梦工厂几乎成了好莱坞独立动画大厂的独苗。

杰弗瑞•卡森伯格正是这家动画大厂的掌门人，制作出了《怪物史莱克》《功夫熊猫》等一系列叫好又卖座的电影。但他的人生并不像动画里那般美好。曾有媒体说，20世纪70年代的好莱坞电影《最后的大亨》，讲述了一个红极一时，却命运多舛的大制片家的故事，这倒有点像卡森伯格的个人传记。

“我们做得不差吧”

在《功夫熊猫3》上映前，《环球人物》记者见到了卡森伯格。采访的地点在国贸CBD酒店顶层的套房，当时乌泱泱一群西装革履的人涌进来。他个头不高，身材短小精悍，却是最醒目的一个，因为剃了锃亮的光头，胳膊上缠着醒目的大红色绷带。工作人员解释：“前两天，他在美国遭遇了车祸，手臂骨折了。可为了新片的宣传，还是吊着胳膊飞十几个小时来到中国，这几天时间也被排得满满当当。”

采访前，工作人员给记者打了“预防针”：“他总臭着脸，随行的人都有点怕他。”记者要给卡森伯格拍照，助理赶紧递上功夫熊猫玩偶，意思要不要一块儿拍。他撇撇嘴："太俗了不拍。"后来在采访中，当被问到让卡森伯格皱眉的问题，工作人员示意记者跳过。卡森伯格摆摆手，又瞪了他一眼："没事，什么都能问，只是答案不一定是你们想听到的。"说完他哈哈大笑，窝在沙发里依旧气场十足。

"你的下属都很怕你吧？"记者顺势问道。"这我说了不算，你问Raman吧。" 他转过身，指指坐在一旁的许诚毅。许诚毅是《捉妖记》的导演，曾在梦工厂工作，跟了卡森伯格二十来年。突然要评价自己的老板，他先是愣了两秒，这时卡森伯格觉察到气氛有些尴尬，耸耸肩："没事，你尽管说，用中文讲。放心！我听不懂。"许诚毅哭笑不得："看到了吧？就是这样。他不训人，不怒自威，刚开始我见到他就紧张。"

早在迪士尼担任工作室主席时，卡森伯格的强势就无人不知。通常他早上5点到办公室，天天如此，还会将重要的会议安排在周末早上7点，动画师们穿着睡袍去抗议也没用。但不得不承认，卡森伯格的"铁腕政策"很奏效。拍摄电影《谁陷害了兔子罗杰》时，他顶住压力，私下默许将制作费用从2990万美元提升至4000万美元，最后电影很成功，还拿了奥斯卡奖。据说，卡森伯格由此更是自信心爆棚，连口头禅都变成了"你们想赢奥斯卡奖吗？"

一件轰动好莱坞的事就是，1994年，卡森伯格在迪士尼如日中天的时候离开了。当时媒体议论纷纷，说他在高层权力争夺中落败，负气出走。但卡森伯格告诉《环球人物》记者："离职原因太复杂，不过不是什么争夺，只是性格上的冲突。"20年后再聊起这件事，他仍心有不甘。"我们制作了全球票房第一的动画电影《狮子王》，百老汇最棒的歌舞剧《美女与野兽》，美国销量最高的电视游戏，排名第一的畅销书《时间工具》。最后，我居然被炒了。"

卡森伯格离开后，迪士尼少了顶梁柱，还多了一个强劲的对手。离开第八天，迪士尼便得知，卡森伯格联手好莱坞制作人大卫·格芬和导演斯皮尔伯格组建了一家新片场——梦工厂。他们吸引了许多顶级投资人，微软创始人之一的保罗·艾伦就投了3亿美元。卡森伯格开始针锋相对，不惜血本挖来了迪士尼的主创动画家，又将成本翻倍，制作了一系列大片，成了迪士尼最大的竞争对手。卡森伯格打趣地问记者："我们后来做得也不差吧？"

一部动画至少耗时三四年

卡森伯格就是如此自信。他辍过学、打过杂，但并不影响现在的"骄傲"。他生于纽约，父亲是股票经纪人，15岁时因在林赛竞选纽约市长的活动中担任志愿者，放弃了上大学。结果林赛竞选失利，卡森伯格去做了艺人经纪人。在给制片人跑腿时，他有机会当了派拉蒙前总裁迪勒的助理，后来又去了迪士尼。不过当被问及是否后悔没念大学时，他说这些工作经历足以弥补这一切，"不是什么人都能做到的"。

卡森伯格用梦工厂的成绩说明了一切。让其声名大振的作品是已拍摄了4部的《怪物史莱克》系列。2001年，第一部《怪物史莱克》上映后就成为当年的票房冠军，完败迪士尼的《珍珠港》。而这部电影，梦工厂的利润就达1亿美元。如此丰厚的利润，与电影制作的高成本密切相关，一部典型的梦工厂电影制作需投资1.5亿美元，动画产业的高风险需要艺术的感悟力和对财务的敏锐度。正如卡森伯格所说："投资没什么公式可言，一掷千金更多的是靠'感觉'。"

一部两小时的动画，一般要耗时三四年甚至更长时间，动用四五百名动画师。比如好评如潮的《疯狂原始人》，梦工厂就动用了400人团队经历了8年的创作，一个眨眼的动作，就要6个最优秀的动画师工作7天。卡森伯格说，他不相信一部世界级的动画一两年能完成，除非靠运气，"但我们从不仰仗运气"。在梦工厂，还有个著名的"史莱克定律"，每一部续集从模型到最后成片的时间，是前面电影的两倍。卡森伯格有句名言："罗马不是一天建成的，而动画就是罗马。"

除了拍电影，卡森伯格也擅长商业运作。在采访中，他向《环球人物》记者透露，第五部《怪物史莱克》拟定于2020年上映。记者很好奇一部可以持续20年的动画片，如何准确抓住处于变化中的市场需求？卡森伯格乐了："梦工厂就是做到了！第一部到第四部间隔短，上映时间紧凑，最后一部观众要等近10年，就是为了吊足胃口。"此外，梦工厂的利润绝不仅仅依赖于电影票房，其营利渠道还有出版、电视版权、网络播放版权等，并依托电影角色开发衍生产品，比如公仔玩具、电视游戏、服装等。当时《怪物史莱克》的产品授权就高达14亿美元。

卡森伯格的成功正赶上了几次动画片复兴的时机。动画片第一次复兴是在20世纪三四十年代，缔造了闻名遐迩的迪士尼，他也是从这里起家的。第二次出现在20世纪八九十年代，出现了《狮子王》，卡森伯格掌舵下的迪士尼动画很快进入黄金期。第三次是在2010年前后，梦工厂制作的《驯龙高手》《怪物史莱克4》等动画大片在全球票房10强中占据5席。

永远是"满血状态"

卡森伯格曾说："现在是一个'全民动画'的时代，梦工厂做好了充分的准备。"2008年，第一部《功夫熊猫》完成，这是梦工厂倾力打造的全新系列动画。卡森伯格称这个点子是个美丽的意外。一次他无意中拿到一本熊猫摄影集，并在创意会上和总监聊起了熊猫，另外两个人提到了功夫，于是一拍即合——就拍一部《功夫熊猫》吧！

8年后，《功夫熊猫》拍到了第三部。为了让故事更精彩，卡森伯格专门研究了中国历史文化，30名主创人员也辗转于成都、平遥、武当山等地采风。窗花、牌匾、门帘上的图案原汁原味地搬到了影片中，"一个好的动画师要知道，熊猫跳起来然后落下的时候，哪只脚先着地”。

卡森伯格告诉记者，他看过《捉妖记》，“许诚毅把故事讲得这么好，没想到他内心如此柔软”。拍摄《功夫熊猫 3》，他选了一位女导演，叫吕寅荣。吕寅荣的制作也很温情，《功夫熊猫》第一部中只有一只熊猫阿宝，第三部变成了一大窝子熊猫。卡森伯格说：“我去过非洲，回来拍了《狮子王》，后来又有了《马达加斯加》。《功夫熊猫》是写给中国的一封情书，我们有两个版本，中文版特地为普通话画了口型。”

对于《功夫熊猫 3》在中国的票房，卡森伯格希望超过 10 亿元人民币。但他说：“我职业生涯的主要目标一直不是赚钱，而是创造伟大的娱乐业，这对我来说才是巨大的满足，钱只是附属品而已。”

许诚毅给记者讲了个卡森伯格的故事：“有一天早上，他要我改一张草图，大概是两三天的工作量。中午刚吃过饭，我们又遇到了，他问我改完了没有。”你不能想象，无论是 40 年前刚踏入电影圈，20 年前创立梦工厂，还是现在迎接“全民动画”时代，卡森伯格永远是“满血状态”。

（撰文：毛予菲）

刘洋

刘洋：想给“漂”一族家的感觉

人物简介：

刘洋，1974年出生，吉林人，2004年获香港大学整合营销传播硕士学位。曾在多个知名品牌从事市场营销工作，2011年创办YOU+国际青年社区。现为YOU+国际青年社区董事长。

如果光看外表，刘洋更像是一位广告人——穿得休闲，却绝不是中关村的风格，即使是一样的牛仔裤和圆领T恤，配上精心修剪过的发型和胡须，也能流露出上海式的精致。事实上，他却是个东北人。

在位于北京海淀区苏州街的YOU+国际青年社区（下称YOU+）里，《环球人物》记者看到了很多年轻的租户，其中不少是在中关村从事IT行业的。他们居住在这栋六层公寓里，每人租下面积不等的居室，作为“漂”在这座城市的栖身之所。而刘洋就是YOU+项目的创始人，一个曾经同样漂泊不定的“文艺青年”。

“自己做自己的天使”

在创立YOU+之前，刘洋做了很多年的市场营销工作，从1998年就开始在全国各地跑市场。到目前为止，他先后生活过7个城市，搬过30多次家。十几年的打拼让他对“漂”这个词有着比常人更深切的感受。

“在我接触过的‘京漂’里，最长的漂了十几年，将近一半的工资花在吃住上，一直买不起房。但他们就是不走，一定要在这儿扎根，实现更大的梦想。”刘洋对《环球人物》记者说。他自己算是其中的成功者，随着能力、收入和社会地位的提高，生活质量一直在改善。尽管如此，他还是觉得自己“终究是一个漂泊者”。

更重要的，是刘洋骨子里不安分，“天生爱折腾”。2011年，已经在上海定居的他做了一个决定：创业。“我想建立一个社区式的公寓，让漂泊的年轻人有家的感觉。”他对记者说，“在大城市，消除独居者的孤独感是一种刚性需求、基础需求，却没有人去做。我觉得这个市场潜力很大。”

粗算下来，起步成本要1000万元。刘洋去找天使投资人，结果被一口回绝。“他说你要钱太多，天使投100万已经算高的了，你还是去找风投吧。”到了风险投资人那里，刘洋还是被一口回绝。“他说你没有样板房，光拿计划书不行。风投是从A轮才切入的，你还是去找天使吧。”

最后，刘洋只好用自己能凑到的钱做首期投资。他当时在上海有一套近200平方米的房子，决定卖了，“自己做自己的天使”。家人当然不同意。“在外边漂了十几年，老婆孩子跟着你一直搬家，好不容易买了房，住了不到两年你说咱卖了吧，老婆还不跟你打架？”刘洋笑道。

当时，这个领域没有现成的商业模式，周围没有人看好。刘洋通过市场调研发现，虽然公寓出租算不上暴利行业，但仍有可挖掘的空间，只是回报周期比较长。“当时做了测算，大约要10年回本。但我坚信，有社会价值的项目一定有商业价值，未来肯定能找到更多营利点。”经过不懈努力，刘洋说服了家人，把房子卖了400多万元，换来了广州原高露洁牙膏厂的厂房作为YOU+的第一块试验田。

由于缺乏经验，公寓改造工程进行到一半的时候钱就用完了。刘洋开始到处借钱往里填，最后一结算花了800多万，超额一倍。为了缓解压力，刘洋提前将一些装修好的房间租出去，收回来的钱再投入其他房间的施工中，这样才慢慢熬了过来。第一笔租金只有1000元，当时合伙人让刘洋拿着这笔钱去海边放松一下，结果他为了省钱，背着帐篷在海边住了3天。

热捧与质疑并存

2012年6月，YOU+第一家门店在广州正式开业。一个月后，133间客房全部满租。对于首个“作品”，刘洋怀有很深的感情。

“第一家店因为缺钱，室内布置基本上是靠‘家友’自己动手完成的。今天你买回来一个二手沙发，明天他拉回来一张二手桌子，但整体效果特别温馨，这群漂泊者一下子就联系起来了。那时大家不关门，互相串，隔三岔五搞活动，一起包粽子、吃火锅。”刘洋回忆说。

当时 YOU+ 属于新鲜事物，很快引发了社会关注，尤其是追求自由和个性的年轻人，对这种共享社区的模式十分追捧。用刘洋的话说：“几乎全广州的文艺青年都知道这个店。”2013 年 6 月，YOU+ 拿到了第一笔天使投资。很快，广州第二家、第三家门店相继开业。2015 年春，YOU+ 又落户北京苏州桥和上地。

在扩张的过程中，刘洋逐渐摸索出了一套商业模式：选址创业公司集中的产业园或交通便利的地方，租用价格较低的整栋楼房，经过重新改造后出租，主要面向刚参加工作的年轻人。公寓的一楼是公共休闲区，配有健身房、台球室、吧台、书架、游戏机等。此外，YOU+ 还为互联网创业者提供办公场所，并经常组织各种活动。刘洋希望，YOU+ 能成为一个线下创业社区，给创业者提供资源整合的平台。为此，他还制定了几条“家规”：45 岁以上的不租，结婚带小孩的不租，不爱交朋友的不租。

“我们有个 136 计划：一个月内交不到 10 个朋友，搬走；3 个月不参加我们的活动，搬走；半年被评为最不受欢迎的‘家友’，搬走。”刘洋说。这种与创业孵化器相结合的模式也吸引了投资人。2014 年 6 月，车库咖啡创始人苏菂加盟成为联合创始人；同年 8 月，在 YOU+ 的 A 轮融资中，雷军旗下的顺为资本领投 1 亿元，从此 YOU+ 被冠以“小米公寓”的称号，知名度暴涨。

然而，迅速的扩张也引发了质疑声。2015 年 7 月，一篇发布在知乎网上的热帖让刘洋陷入了舆论旋涡。在各种负面爆料中，有关苏州桥店甲醛超标的问题最受关注。时隔一年，刘洋对《环球人物》记者解释了当时的情况：“做这个项目的时候，我们的产品还没有标准化，采购控制体系也还没健全，结果出现了床垫甲醛超标的问题。当时我们跟厂家签的合同要求必须符合国家标准，但既然我用了，就是我的责任。对于这件事，我们自身确实存在问题。事情发生后，我对‘家友’进行了道歉，也第一时间撤换了问题床垫。”

对于另一个争议点房租价格，刘洋认为 YOU+ 处于市场平均线上。“我们上一个店平均月租金 2800 元，不低但是也不高。因为我们收取的不只是房费，还包括办公位、健身设施、早餐以及各种娱乐和社交活动的费用。在这里你随时可以请朋友喝咖啡、聚餐，而且能结识很多新朋友。这些资源在外面都需要花钱。应该说，我们收取的是一个综合生活成本费。”

到目前为止，YOU+ 第一家门店是最赚钱的。当时的房价和租价都很低，几年过去，租金已经快翻倍了。

“创业就像坐过山车”

已过不惑之年的刘洋感觉自己仍然是一个大男孩：任性、爱玩、好交朋友，也保持着一股冲劲儿。“如果不是这样的性格，YOU+ 这种事基本上不会干的。”

在刘洋眼中，传统房地产业利润丰厚，风险也大。“有人认为 30% 的利润是基础，我觉得 8% 就够了。做生意当然要赚钱，我也不是搞慈善的，但非赚 50% 也没必要。”

刘洋承认，创业就像坐过山车，“今天感觉全世界都是你的，明天一下子跌到谷底”。他获得了一个公寓行业的奖项，“上台发言时，我说上一代产品就是提供房子，现在的产品还要提供关爱。如果 YOU+ 的存在能带动整个行业对消费者的关爱，我们在这个领域就有价值了。”

YOU+ 的租户形形色色，几乎涉及所有行业。刘洋喜欢从“家友”里挑员工。“现在推广和运营部门有 50% 以上的人都来自‘家友’。我们是近水楼台，资源整合。”

到 2016 年底，YOU+ 计划提供 1 万个房间，为 1.5 万个漂泊者提供居所。对于营利的问题，刘洋很坦承：“现在单店都营利了，但整体还处于战略亏损的状态。我们的框架是管理 200 个店，现在才几十个，后台还是亏损的。”这几十家门店覆盖全国 10 个主要城市，用户年龄集中在 25 ～ 30 岁。最初定下的“家规”有些已经做了变通，但有些仍然坚持着。“黄赌毒是第一禁令，只要发现有打麻将的坚决清除。对于在城市里打拼的年轻人，尤其是创业者来说，哪有时间打麻将？每天都在玩命地找机会。”

对于未来，刘洋坦言是个未知数。他把 YOU+ 模式定义为“半互联网半传统的产业”，其核心竞争力就是为租客提供温暖。在他看来，只抱着赚钱目的很难全心投入，必须有一定的社会责任感才能走得长远。

“我常对高管们说，我们做的事是‘前无古人，后有来者’的。前面别说脚印，连尸体都没有，只能靠自己去创新。但这也是一个非常好的机会，你每天都在创造这个行业的标准，培养这个行业的人才，同时你自己也成为这个行业的领军者。”

在完成了 B 轮近两亿元融资后，刘洋正在计划新一轮融资。他理想中的 YOU+ 是能抓住人们心灵的社区，这需要先从消费者的角度，而不是赚钱的角度考虑问题。

“你先盯着消费者的心，别先盯着他的钱，产品才能做好。漂泊者想要的是一点点生活的尊严，如果你连这个都给不了，还能给他们什么？只有产品直击人心，才能谈到成功的商业模式，传统时代如此，互联网时代更是如此。”

（撰文：尹洁 / 蔡爽）

于敦德

于敦德：狂奔的牛

人物简介：

于敦德，山东人，生于1981年，东南大学毕业，现任途牛网CEO。曾被《财富》杂志评为“中国40位40岁以下的商界精英”。

“有人说过您跟演员夏雨有点像吗？”听到记者这么问，于敦德身体略微前倾，低头摸了摸咖啡杯，笑笑说：“之前倒是有人说过，但我没觉得。”理工男的寡言内敛展露无遗。

于敦德是在线旅游网站途牛网的创始人，现任CEO。2015年11月，海航向途牛网注资5亿美元。拿到这笔投资后，这位80后老总再次引起关注。当然，媒体对他的关注更源于途牛的迅猛崛起。据统计，途牛在2015年第三季度的交易规模已达46.5亿元，在线休闲旅游市场份额达到25.1%，与携程并列第一。

即便如此，在《环球人物》记者面前的于敦德，依旧没有一点CEO的派头，行李箱摆在身边，活脱脱一个“说走就走”的业务员。

一个“万亿市场”的诱惑

在刚过去的2015年，途牛动作频频。5月，他们已获得京东领投的5亿美元投资。而谈到这次与海航的合作，于敦德说“这符合途牛发展的大战略”。“我们有一个8到10年的长期战略规划，具体分为出发地、大交通、目的地三个阶段。过去两年，出发地的壁垒已经初步建立，下一步就是大交通。海航有大交通、酒店、金融，是构成我们产业链里非常重要的部分。而途牛擅长的互联网领域，正是海航所需要的。”这种稳扎稳打的做法也符合于敦德的个性。途牛的员工都清楚，于敦德在公司发展中负责“踩刹车”，而另一位创始人、性格开朗的严海峰负责“踩油门”。

于敦德和严海峰都毕业于东南大学。当初，两人在学生社区网站“先声网”相识，后来就成了黄金拍档。在同学的眼中，于敦德是一个令人崇拜的技术狂人，当时很新潮的.Net 技术刚普及时，他已玩得透烂。毕业后，两人开始创业“试水”。2004 年，于敦德加入创业公司博客网，担任技术总监。博客网的起起落落告诉于敦德：“创业企业的业务模式要单一，把一项业务做扎实非常重要。”这也是途牛网今天深耕细作在线旅游产品的重要原因。于敦德说，只做旅游路线的预订，做深做透就是一种成功。

一年后，于敦德与严海峰在育儿网“会师”，严海峰任COO（首席运营官），于敦德任 CTO（首席技术官）。在帮助育儿网成为行业第一后，于敦德产生了创业的念头。那段时间，几个朋友热火朝天地讨论在旅游行业寻找机会，于敦德也发现中国旅游市场是个价值 1 万亿元的“大蛋糕”。一天，他找到严海峰说：“我想做在线旅游，要不要一起干？”严海峰没多想，就答应了。

2006 年 10 月，于敦德拿着从朋友那儿筹来的几十万块钱，在南京租了个几十平方米的小房子，开始了创业路。这年，于敦德刚 25 岁。

在边缘业务中找市场

当时，做机票酒店预订的携程、艺龙等网站，已非常强势。“途牛加入价格厮杀和渠道争夺并不是聪明的做法。”这时，于敦德发现旅游预订这个市场“冷门”。“旅游和旅行一字之差，却是两个完全不同的市场。彼时的携程、艺龙等旅行预订网站中，旅游预订占的份额很小。而很多线下的旅行社，也没有搭建在线预订平台的条件。”途牛网在“边缘”业务中找到了生长空间：专注休闲旅游，不碰机票酒店，只做零售不碰批发。在商业模式上，则专注于平台，把途牛打造成做采购+服务的“在线旅行社”。

然而，想吸引有旅游需求的用户，先得让人关注这个平台，有人气。于是，他们决定从景点介绍和旅游攻略打开缺口。随后的半年里，于敦德带着十几人的团队建了一个全国最大的景点库，涵盖了4万多个景点。同时，他们还开发了“路线图”“拼盘”等产品，激励网友贡献游记和图片等。“最初的4万多个景点是一个一个手工加进去的，那时没日没夜地干，真是不知疲倦。”于敦德说。

2008年，于敦德遭遇了创业以来的最大难题，资金告急。公司账上只剩下几十万元，而一个月的开销就要二三十万。除了保证一线员工的工资外，公司管理层只能发1500元的基本生活费。当时又赶上金融危机，他天天去找投资人，都无功而返。于敦德说：“因为那时资金紧张，出差住的都是小旅馆和地下室。当时压力很大，如果融资不成功，公司肯定就挂了。”终于，在被拒绝了几十次后，他拿到200万美元的投资。

完成A轮融资后，途牛的业绩在2009年快速增长，业务也从一两个城市扩展到五六个城市，当年的销售额就达到1.4亿元。此后途牛网一路高歌猛进。2014年5月，途牛网登陆纳斯达克，成为美股市场第一家专注在线休闲旅游的中国公司。

当前的在线旅游版图上，携程和去哪儿已宣布合并，途牛、同程成为在线旅游行业仅剩的两家份额较大的独立OTA（在线旅行社），三家已成鼎足之势。有人猜测，携程和去哪儿聚焦于机票和酒店板块的竞争告一段落，而专注度假旅游市场的途牛和同程，或许也将合并以抵御巨无霸的碾轧。于敦德告诉记者：“不排除合并的可能性， 但线上OTA尚处于同质化阶段，缺乏业务上的互补性，因此以并购扩充规模意义不大。”

挖出客户的“痛点”

于敦德为人谦和，员工也都知道他的好脾气。作为CEO，他至今还跟大家一起办公，下属们都直呼其“老于”。谈到当前的成绩，35 岁的老于也没有得意之色，只是更加坚定了“让途牛成为世界级公司和旅游入口”的愿景，而其底气，则来自“我们一直都能找准客户的痛点往前走”。

途牛新推出的分期免息旅游，就是于敦德挖掘的一个“痛点”。“年轻人都想多出去走走看看。可大学毕业后，都要经历买房、结婚、生子，从 25 岁到 35 岁这 10 年的花销很大，经济能力却不行。”于敦德对记者调侃：“比方，你我都交了女朋友，要和她一起去旅游，没钱；也不能等，一等时机就错过了。以前，这个资金很大程度上只能依靠父母，如果我们能通过金融产品解决，不是很好吗？”于是，他想出了“旅游金融”的点子，年轻人可以分期免息去旅游，额度一个人 5000 元左右。这样，既解决了没钱旅游的问题，还促进了途牛的业务增长。“原本一年一次的出游计划，分期付款后，就可能增加频次，带动其他产品的消费。”

近年来，导游强制游客购物等事件的发生，成为旅游市场为人所诟病的地方。于敦德针对这一“痛点”，建立起导游管理系统，把导游纳入点评奖励体系考评，“这样既可以监督导游的行为，也解除了游客对出游安全的疑虑”。

于敦德还有一套“四字真经”——客户反馈。“这是我们所有工作的基础，不然就会丧失方向。”途牛有一个专门处理客户需求和投诉反馈的邮箱。这些年，他每天要干的事就是查阅用户邮件，关注其中的投诉、需求和反馈，第一时间给予回复。他说：“我们主要看投诉，因为被客户骂是很郁闷的事，看到了就会想办法解决。但如果指定个专人去看，有很多问题不是他能推动和解决的，所以客户问题一定要有从上到下的机制来处理。”

朝“二”的方向努力

于敦德很看重团队的活力，员工也多是“80 后”“90 后”。他认为，能吸引和凝聚年轻人，主要在于途牛“客户第一、简单、诚信、极致、分享”的价值观。而在记者看来，或许更有他不惜牺牲“偶像包袱”营造出的轻松氛围。一位途牛的员工回忆说，在一次公司年会上，从来就不是文艺积极分子的老于，第一次穿上了闪耀的演出服，跳起了《江南 style》。因为过于紧张，他一上台就跳错了，舞台下的员工们看了都乐了。

于敦德身材清瘦，但喜欢锻炼，途牛也已举办多次“牛拉松”长跑比赛。他说公司文化与此有关，那就是“健康第一，以二为本”。“公司在发展的过程中膨胀得比较快，就像吃美食一样，如果火锅也要，法国大餐也要，日本料理也要，最后容易臃肿，长得太胖，然后身体就承受不住。因此你要克制自己想把每一件事情都做好的欲望，分清主次，专注做好一件事情，保持公司机体的健康。”

对于“以二为本”，于敦德解释说，途牛内部每年会进行两次“271”评选。所谓271，就是在整个团队中，评出20%的优秀人才，70%的普通人才，以及10%暂时落后的员工。“‘2’是最有执着劲头的牛人，是奋斗者的代表，他们驱动着公司的发展。而‘以二为本’，就是公司的资源，包括期权、薪资、晋升、培训、机会等，都会向‘2’集中，通过他们带动整个公司的发展，实现所有的人都进步、都提升。还有一层含义，就是希望途牛的每一位员工都能以诚恳憨厚的态度为客户服务。”

记者问他：“你觉得自己二吗？”他毫不迟疑：“二啊，二是我努力的方向。”

（撰文：卢楚函）

张小雷

张小雷：重新定义“反向订制”

人物简介：

张小雷，1969 年生于天津，2012 年 7 月创立钱宝网，现任钱旺信控集团董事局主席、钱宝网 CEO。

钱宝网 CEO 张小雷曾经有个特别的标签——足球教练米卢的第一任中方经纪人。那个连续四届率领不同国家队进入世界杯 16 强、2002 年又带领中国男足首次闯进世界杯的“神奇教练”，最初就是由张小雷带到中国的。

今天，更多人把互联网先锋企业家这样的称呼送给张小雷。但在这位近知天命之年的“创业者”自己看来，能为国家和社会做点事情，才是最真切的愿望。“我真的希望能在全面深化改革的大潮中贡献自己的力量，风风雨雨 20 多年，我仍时常思考自己的位置、自己的路，我相信与社会、国家同呼吸才是一切成功的基础。”

一直在“颠覆”

乔布斯曾说，和跟风者的区别仅仅在于创新，对此张小雷也有自己的思考。47 岁的张小雷，从小就表现出了“野心”。高中毕业后，他开始创业，和两个好朋友一起开公司，上演了“中国合伙人”的故事。紧接着，张小雷又跨界在证券、签证移民、足球、投资领域大展拳脚。不到 30 岁的张小雷就成了千万富豪，在业界引起不小的轰动。

用张小雷自己的话说就是每涉足一个行业都要有所颠覆。“每一次重新创业对我来说都是一个新起点，行业不同，方法却类似——先分析行业的格局和脉络，然后时刻准备颠覆。”互联网行业风起云涌的时代，张小雷又颠覆了一次。这次他毅然踏入互联网领域，成立钱旺集团，创立微商（基于社交化的移动电商）平台钱宝网。“我们的商业模式、商业逻辑以及商业伦理都可以用‘微商’这两个字贯穿。” 张小雷建立了以微商为核心，辐射生物科技、现代农业、产业孵化等相关产业的企业生态圈。经过多年发展，钱旺已是拥有30家控股、参股及关联子公司的企业集团。

在急速更新迭代的互联网行业，张小雷以一种“殉道者”的姿态面对那些随时可能来临的残酷变化：钱宝网公司大门口，有一面特别的展示墙，墙上印着一些公司名称，它们曾改变世界，现在却已经消失。其中包括雷曼兄弟、柯达、贝尔实验室，而“钱宝网”就在这堵墙的最中心。

展示墙的另一面，是张小雷写的一段话：“那一天终将到来，那一天钱旺终将死亡，死在前往未来的路上。未来是我们的故乡，魂归来兮，是那些伟大名字的吟唱。”

关于把“死亡”挂在公司门口的事，有人反对，张小雷却一直坚持，而且规定“每天所有人都要来瞅瞅”。张小雷常常谈起企业的死亡，他希望钱宝网员工有“每天都是最后一天”的紧迫感。

钱宝网的“供给侧改革”

“反向订制”是张小雷做微商平台最新的颠覆。他期待用这种消费模式，与“马云们”在下一个电商时代一决高下。

近10年来，随着互联网的快速发展，从实体市场到虚拟市场，再到目前大量电商平台的兴起，买家与卖家的选择空间都呈现出爆发式增长趋势，但敏锐的张小雷发现了一些“不一样的东西”。“我身边很多人都花了大量的时间、成本去网上购物，反而挑不到满意的商品，在我看来，这就是消费者网购最大的痛点，同时也是我们的机会。”

具体怎么做？其实很简单——反向订制，顾名思义就是将“商家有什么，消费者买什么”的传统消费模式反过来，变成“消费者想要什么，商家就卖什么”。而“反向订制”的概念其实早有许多企业提出并实践，张小雷提出的反向订制，则是从需求端（消费侧）出发，利用钱宝微商平台庞大的用户基数，以及大数据分析的技术手段，统计分析某一集群或某一个体的需求偏好，从而帮助消费者向商户或生产者主动提出需求，实现个人订制。如今，钱宝微商做的事情，就是通过对1.4亿注册用户的大数据分析，将消费者的“选购”转变成平台的“订制”。

2016年是我国全面建成小康社会决胜阶段的开局之年，也是推进供给侧结构性改革的攻坚之年。而“三农”问题是重中之重，因此农业供给侧改革是供给侧结构性改革的重要组成部分。张小雷说：“习近平总书记提出供给侧结构性改革概念后，我也在思考，如何改革钱宝网的供给侧，尤其是在农业领域。”

答案还是反向订制。由需求端主导、以销定产，它能够帮助农业生产者精准获取消费市场需求信息，从而制定高效、高品质的农产品供给和生产方案；帮助农业市场实现供需平衡，真正使农业供给侧改革变得直接单纯。

“反向订制的最终结果是让商户去互联网化，商户每天就干一件事，早晨起来一睁眼，我今天送多少货，给谁送，然后维护哪些客户。”目前，钱宝网已经上线“猜你喜欢”功能，根据大数据统计分析用户的消费习惯，在购物时向他们推荐可能会购买的商品，这也是钱宝微商反向订制的初步产品。不知不觉中，一场互联网购物模式的颠覆性变革已经展开，这对所有的消费者和生产者，都是一次革命。

让农村更具文明活力

如今，钱旺已经拥有上千员工，打造企业文化，张小雷也有自己的一套。张小雷说，钱旺是一群来自未来的人。他希望把钱旺做成一家“小众企业”。所谓“小众”，在价值观上讲，就是要坚持“为人民服务”的理念。为此，钱旺建立了自己的公益平台，“春晖助学”“春晖授渔”等都是钱旺正在推行的公益帮扶项目。

张小雷还将企业的经营理念和模式加进来。比如在“春晖授渔”项目中，他首先把着眼点放在授渔目标的选择上，授可授之人。江苏泗阳县的春晖民间助学协会就是张小雷的授渔目标之一。他还给该协会创办的生态农场提出建议：科学生产，根据需要规划基地规模。反向订制，根据客户要求选择产品品种，解决衔接问题。

张小雷要求，授渔计划要坚持习近平总书记提出的“内源扶贫”思想，因地制宜，根据当地实际情况发展优势产业，吸引劳动力回流，使其具备自我造血功能。

张小雷在对该项目的具体考察中提出“反哺契约化”的建议。他还认为，慈善扶贫的民间组织需要当作企业来经营，成为一种制度。如此才能让慈善组织集聚更多的能量，服务社会。

我国目前的农业生产状况，有相当一部分还深具分散型、小型化、单产低的特点。张小雷启动“春晖授渔”战略的根本目的，不仅仅在帮难扶贫，而且希望在本质上科学规划农村生产结构。

张小雷有一个更大的希冀——让贫穷摒弃懒惰，让三千万人相互产生辐射效应，向农村传递一种生活品质，让孩子每天能和父母嬉笑，让老有所养，让城市新市民回到家乡，让农村更具文明活力。

（撰文：新正）

天使汇创始人兰宁羽

飞马旅创始人袁岳

车库咖啡创始人苏菂

创业时代的热情与焦虑

要说2015年财经界最爱喝的饮品，恐怕当数咖啡了。2015年5月7日，李克强总理在中关村创业大街的3W咖啡馆喝了一杯香草卡布奇诺。5月20日，证监会主席肖钢又在武汉的光谷创业咖啡馆与创业者品咖啡、聊股市。

如果说，前两年的创业潮还只是一股股细流，在少数群体中涌动。那么2015年以来，创业热情已经在全社会掀起澎湃之势。2015年3月的两会上，“大众创业、万众创新”在2015年政府工作报告中出现。李克强指出，推进大众创业、万众创新，推动中国经济发展调速不减势、量增质更优，实现中国经济提质增效升级“双引擎”。

在这股热潮中，创业者是参与者，政府是保障者，投资人是扶植者，还有一种人，可以说是创业的推动者、观察者和感知者，那就是为创业服务的人。他们有的帮助创业者成长，有的为创业者和投资者牵线搭桥，还有的给创业者提供最初的办公场所。他们感知到创业环境的从冷至热，他们见证了创业者的成功和失败，他们每天都在思考中国式创业的现在和未来。

第四次创业热潮

“热锅”，这是创业管理服务机构飞马旅创始人兼CEO袁岳对当下创业氛围的注解。一个数据可以支持他的论点——目前，中国每天有 1 万多家企业注册，平均每分钟就会诞生 7 家公司。

有人说，中国正迎来第四次创业热潮。前三次是：改革开放初期以王石、任正非为代表的“个体户潮”；20 世纪 90 年代初以潘石屹、俞敏洪为代表的“下海潮”；20 世纪末以马云、马化腾为代表的“互联网潮”。

四次热潮中，袁岳踏准了两次。第一次是在 1992 年，他放弃司法部的工作，创办了零点研究咨询集团，目前已经成为中国市场研究咨询领域的领军者。第二次是在 2011 年，他与汉庭创始人季琦、新东方董事长俞敏洪等多位企业家，在北京中关村共同发起创立中国首家创业项目专业管理支持机构飞马旅，并担任 CEO。

飞马旅成立之初，中国的创业大环境还不怎么明朗，但袁岳和其他创始人都充满信心。“那时候政府还没有像今天这么号召和支持创业，但我们看到了互联网企业的巨大潜力。我过去是做信息数据与咨询服务的，对各类企业的发展非常敏感，我看到这当中成长最快的就是互联网企业。所以我们共同相信，这个领域是经济增长的快车道。”袁岳告诉《环球人物》记者。

也是 2011 年，也在中关村，另一个人也嗅到了创业热潮的气息。当时 32 岁的苏药（音同地）曾是一家公司的投资总监，接触过约 2000 家互联网企业，他发现国内的创业服务跟不上创业团队的发展。苏药对《环球人物》记者说：“2011 年，德国《明镜周刊》记者到中国写一篇关于创业的报道，他认为下一个超越美国硅谷的地方一定在北京，一定是中关村。”苏药决定在这里开一个聚集创业者的咖啡馆，这就是中国最早最知名的创业咖啡馆——车库咖啡。

尽管当时中关村已有 150 多个创业孵化器，但车库是其中门槛最低的，因此这里成了中国创业环境的“神经末梢”，敏锐地感知着市场的热度。

开张第一个月，店里只来了两个团队6个人，还都是苏药的朋友。但很快，慕名而来的人越来越多。不久，北京市委书记郭金龙和时任证监会主席的郭树清来视察，让这个800多平方米、24小时营业的咖啡馆，变得人满为患。如今，每年有约8万人次、1500支左右的创业团队来车库创业。2014年，车库认证和常驻的团队有147支，其中估值过亿的有4支。

效仿者纷至沓来，3W咖啡、贝塔咖啡等创业咖啡馆相继成立。2014年6月，“海淀图书城步行街”更名为“中关村创业大街”，正式成为创业服务机构的聚集地。

近两年，苏药感觉最明显的变化就是“钱多了”。“仅2014年12月，车库就有6个常驻团队拿到了天使投资。钱多说明创业环境好，现在是以创业为荣的时代。”苏药说，热潮还弥漫到了其他城市，“以前二、三线城市的官员来北京喜欢跑各部委，现在他们爱来车库咖啡，有时一天来好几拨”。

疯狂的人才能改变世界

做创业服务的人，每天见得最多的就是创业者——满怀热情的年轻人，带着自以为绝妙的创意，渴望成为下一个马云、雷军、刘强东。见惯了成功与失败，无论是否愿意，观察者们都有自己的判断标准。

“有人觉得天使投资挑的是项目，其实我们是在投‘人’。人对了，项目才可能靠谱。”股权众筹平台天使汇创始人兰宁羽告诉《环球人物》记者。2011年，他成立了这个在线撮合投资人和创业者的平台。截至2015年3月底，天使汇已帮助300多个项目完成融资，总额突破30亿元，注册的创业者超过10万名，登记项目3.3万个。滴滴打车、黄太吉煎饼、大姨妈周期助手等成功创业案例，都在这里拿到了第一笔投资。

“你们主要投给什么样的人？”

“排第一的是热情。现在有种看法是创业者要会‘忽悠’才能融到钱，其实就是投资人希望创业者把项目说明白，突出亮点。但我认为这个标准有失偏颇。天使汇曾经给上门做饭的 O2O 手机应用‘下厨房’创始人做过投资。他专注做产品，不会讲故事，不会吸引投资人，融资能力不太行。但融资能力并不代表做事的能力，我们决定投他，是看到了他坚持做事的创业激情。”兰宁羽说，“当然，作为合格的 CEO，执行力、领导力、判断力、钻研精神、商业敏锐度，这些都是基本素质。”

袁岳也把“热情”放在评价创业者的首要位置。“创业是非常严酷的，为什么很多创业者对车库咖啡有感情？因为他只能待在那里。从物质生活来看，1/3 的创业者过得不如普通白领，甚至还不如农民工。从工作强度来看，一个创业者平均每天比上班族少睡 3 个小时左右，每周休息半天，没有法定节假日。你必须以身作则，你的员工才会干活。一边干活，还要负责给员工‘打鸡血’，让大家有动力工作。你再身心俱疲，也必须看起来神采奕奕，这不是所有人都能做到的，所以热情很重要。除此之外，创业者的经验和诚信也是我看重的，信任的最大好处是降低合作的成本。”

不过，袁岳与兰宁羽有一点不同，他认为项目和人同样重要。“直接看人怎么看呢？你说马云到底长得像好人还是坏人？我认为是事如其人，他把一个事做成什么样，我大概就可以判断这个人。”

苏药则用一句话描述了他心目中合格的创业者：“疯狂的人才能改变世界。”

哪些人容易失败

一个有热情又疯狂的人，或许具备了可贵的创业基因，但这并不等于成功。相比成功的案例，观察者们见过的失败更多。

有些创业，是从“根儿”上——创业动力——就错了。“有人可能是因为不想给人打工而创业，还有人创业是为了挣大钱。但我们从来没有看到过，一个好的企业家在刚创业时就是为了赚钱。我认为积极的创业动力是，创业者作为用户，有不愉快的体验，他找到方法能更好地解决问题，他想成为一个好的企业家。”兰宁羽说。

更多的创业是“死在了半道儿”。袁岳告诉记者：“早期项目跟中后期项目不同，刚开始的天使轮，主要看项目有没有突出点，有一两个可圈可点的地方，就能吸引投资；到了A轮，我们会看你的用户增长量；B轮的时候要看你的收益能力。到了后两轮，对团队的要求就高了。”只有能持续吸引到投资的项目，才有生存下去的可能。

袁岳坦承，自己也有看走眼的时候。“我们看好的项目，有1/3是非常好的；1/3还不错，虽没有那么好，调整模式之后也能拿到钱，但是周期会拉长；还有1/3不怎么样，最初我们认为模式好，但后期落地做得不够，比如创业团队管理做得不好，人散了。像我们有一个创业企业，5年前就开始做众创空间，按理说这个时候正是风口，但他今天还没做出来，从他那儿出去的人都比他快。他的问题在于团队管理能力。”

虽然袁岳认为“没有谁注定要失败”，但他仍然列举了几条容易导致失败的团队特质：“第一，不够开放，不学新东西。第二，自己没想明白，我们给你提建议，你觉得挺好，回家就练；过两天听个讲座，觉得那个好，回去换个模式；再过两天又换了，最后员工都被换跑了。第三，过于依赖我们，项目是你的，你知道怎么做最好，什么都让我们搞，干脆我们自己去当 CEO 吧。”

创业是用创新解决社会问题

在局外人看来，创业潮仿佛是一夜之间发生的事。但对于局内人来说，这池水早就开始热了。有专家认为，创业潮的形成与四大因素有关——政府的支持、社会资金的宽裕程度、投资人的态度、社会的包容度。近几年，这四大因素已逐步形成。而 2015 年李克强总理的强力发声，只是为这个创业时代画下的一个重要注脚。

袁岳认为，创业时代的到来是中国经济发展的必然趋势。“总理这次鼓励创业与以前不同，以前是政府要主导这件事，而这次，是在创业者的主导下，创业潮已经起来了，政府把住了市场的脉搏。来自市场的判断，和来自高层的判断一致了。”

在袁岳看来，中国前几年大规模的基础建设，也是为创业热潮埋下的伏笔。“我们可以对比印度，印度的工业软件在某些方面比我们发达，但中国的高铁和高速公路很先进，物流十分畅通。而印度，出了门就走不动路了。此外，中国一直非常重视通讯的基础建设，从模拟网到 GSM 网到今天的 4G，发展很快。总理最近讲要把流量费降下来，这非常关键，大大节省了互联网创业者的成本。这些基础工作，才使得我们实现了创新创业的转变。”

苏葯的判断则更具社会性。“十几年前，长跑的人没有这么多，爬珠峰、徒步去西藏的人也不多。随着中国经济发展，很多人不再为衣食发愁，大城市的年轻人可以在找份工作养活自己的基础上，去满足精神上的追求。这让大众创业成为可能。”

以往的创业潮，创业者始终是少数，大部分人追求的还是铁饭碗。而这一次似乎有所不同，有人这样说："这个时代，选秀必答题都是'你的梦想是什么'，似乎不创业就是缺乏实现梦想勇气的精神懦夫。"

"一个崇尚创业的社会，有何利弊？"

"有人说，现在传统行业式微，就业怎么解决？创业就可以啊，实体店倒闭了，可以把空间租给电商当办公室啊。只要互联网不断发展，就不断有新的经济。互联网让你有极大的创新可能，而且创新的东西还可以传播，传播瞬间或许还可以获得另一个巨大的市场，这可能比我们原来怕失去的东西还要好。"袁岳说。

苏药的看法是，崇尚创业让人们的观念发生了改变。"政府的鼓励很重要，会给那些犹豫的人以动力，也许就会增加 1% 的创业者，这将给社会带来巨大的改变。现在年轻人的创业环境实在太好了，教育部都出台规定允许休学创业。我大学毕业时也想过练摊儿，但当时老师同学都认为我是神经病；现在老师们听说学生要创业，大多都会鼓励'赶紧去，别耽误了时机'"。

私募机构中科招商的创始人兼CEO单祥双则更关注创新社会中的人。"贫困、失业、资源和发展机会不平等，让一群人在主流社会中成为'隐形人'。只要你的某个需求不被看见，你就可能是'隐形人'。创业就是一群人利用创新解决社会问题，让资源流向'隐形人'，有效改善社会公平。"

而谈到创业浪潮的弊端，"浮躁"几乎成了共识。"创业让人焦虑、紧张。竞争对手太多、抄袭太多、机会主义者太多。我们都想提高效率，都猛地往前赶。应该再慢一点，游刃有余一些。我的焦虑程度也有 7.5 分，这不是好的状态。"兰宁羽说。

苏药也有类似的顾虑："美国的资本市场很成熟，不同阶段有不同的投资者，中国现在大大小小的土豪，煤老板、房地产商人、挖矿的都想参与创业，但怎么参与都需要学习。其实，我们不一定非要像美国那样，但我们要在这个市场氛围和文化背景下形成我们自己特殊的基因。”

袁岳见过的一位创业者可能会给该问题一个解决方案：“他在创业之前一直做公益，专门在社区里教老爷爷老奶奶用微博和微信，后来变成北京好多社区的信息化指导单位。他现在的创业项目，是做在线老人服务平台。试想，一个普通的年轻人做这个平台，怎么吸引老年人用户？太难了。但对他来说就没那么难，因为他教出来几万老人，自然都是他的用户。”

或许，放下功利心脚踏实地做事，才能把创业变成一件从容优雅的事。

（撰文：刘雅婷 / 尹洁 / 毛予菲）